# **9/11** KEIN TAG, DER DIE WELT VERÄNDERTE

Michael Butter, Birte Christ,
Patrick Keller (Herausgeber)

# 9/11

# KEIN TAG, DER DIE
# WELT VERÄNDERTE

FERDINAND SCHÖNINGH

Paderborn · München · Wien · Zürich

Umschlagabbildung:
Thomas Hoepker / Magnum Photos / Agentur Focus

Bibliografische Information der Deutschen Nationalbibliothek

Die Deutsche Nationalbibliothek verzeichnet diese Publikation in
der Deutschen Nationalbibliografie; detaillierte bibliografische Daten
sind im Internet über http://dnb.d-nb.de abrufbar.

© 2011 Ferdinand Schöningh, Paderborn
(Verlag Ferdinand Schöningh GmbH & Co. KG, Jühenplatz 1,
D-33098 Paderborn)

Internet: www.schoeningh.de

Einbandgestaltung: Evelyn Ziegler, München
Printed in Germany
Herstellung: Ferdinand Schöningh GmbH & Co. KG, Paderborn

ISBN 978-3-506-77097-4

# INHALTSVERZEICHNIS

# EINLEITUNG

Fast dreißig Jahre lang dominierte das World Trade Center die Skyline von Manhattan. Baubeginn für das mit 417 Metern damals höchste Gebäude der Welt war der 5. August 1966; offiziell eingeweiht wurden die Zwillingstürme am 4. April 1973. Für den Bau wurden 200.000 Tonnen Stahl und 325.000 Kubikmeter Beton verwendet; ein Drittel der Fassade der beiden Türme machten die 43.600 Fenster aus. Am 11. September 2001 um 8:46 Uhr Ortszeit lenkten islamistische Terroristen des Netzwerks al-Qaida eine entführte Passagiermaschine in den Südturm des World Trade Centers. Als noch allseits gerätselt wurde, ob es sich um einen Unfall oder einen Anschlag handelte, traf nur wenige Minuten später, um 9:02 Uhr, vor den Augen der Welt eine weitere gekaperte Maschine den Nordturm. Um 9:58 Uhr stürzte dieser Turm ein, der andere fiel eine halbe Stunde später um 10:28 Uhr in sich zusammen.

Diese Bilder des brennenden wie des völlig zerstörten World Trade Centers sind um die Welt gegangen und haben sich ins kollektive Gedächtnis eingebrannt – viel stärker als die Bilder des ebenfalls angegriffenen Pentagons und des bei Shanksville, Pennsylvania abgestürzten Flugzeugs. Die heimliche Hauptstadt der Welt – oder zumindest des Westens – war schwer verwundet worden. Der erste Angriff auf das amerikanische Festland seit 1812 erschütterte nicht nur das amerikanische Sicherheitsgefühl, sondern unser aller Bild von der Ordnung der Welt. Unter Politikern und Medienvertretern setzte sich deshalb die Überzeugung durch, dass die terroristischen Angriffe auf die USA eine historische Zäsur markierten, dass sich die Welt an diesem Tag grundlegend verändert habe. So veröffentlichte die *Süddeutsche Zeitung* am Tag nach den Anschlägen ein Protokoll der Ereignisse unter dem Titel »Stunden, die die Welt verändern«; die *New York Times* schrieb am selben Tag, der 11. September 2001 sei einer »jener Momente, an denen sich die Geschichte in ein Davor und Danach teilt«, und viele andere Zeitungen von der *BILD* bis zur *FAZ* und von der *Washington Post* bis zur *Los Angeles Times* erklärten in Leitartikeln und Kommentaren, dass fortan nichts mehr so sein werde wie zuvor. Als drei Jahre später eine mit der Aufarbeitung der Ereignisse beauftragte Kommission des amerikanischen Parlaments ihren Abschlussbericht vorlegte, wiederholte dessen erster Satz nur einmal mehr, was mittlerweile jeder wusste: »Um 8:46 Uhr am Morgen des 11. September 2001 veränderten sich die USA für immer.«

Für diese weltgeschichtliche Zäsur steht symbolhaft das Bild des zerstörten World Trade Centers, für das sich innerhalb kürzester Zeit die Bezeichnung »Ground Zero« etablierte. Gerade für deutsche Ohren transportiert dieser Begriff, der eigentlich für den Ort einer Nuklearexplosion reserviert ist, die Assoziation mit Bruch und Neuanfang in besonderem Maße, erinnert er doch an den Begriff der »Stunde Null«. Zu Beginn dieser Einleitung aber ist kein Bild von Ground Zero abgedruckt, auch wenn man dies nach der Begegnung mit den brennenden Türmen auf dem Titel fast automatisch erwartet. Denn 9/11 hat die USA keineswegs grundlegend verändert. Am 11. September 2001 begann keine neue Epoche in der Weltgeschichte – insbesondere nicht für Europa und Amerika. Das ist die These dieses Buches.

Natürlich soll hier nicht bestritten werden, dass dieser Tag das Leben vieler Menschen auf der ganzen Welt vollkommen verändert hat. Tausende sind bei den Anschlägen ums Leben gekommen oder haben schwere Verletzungen davon getragen. Feuerwehrmänner, Polizisten und andere Rettungskräfte sind beim Versuch, den in den Türmen Eingeschlossenen zu helfen, gestorben. Unzählige Menschen haben an diesem Tag Angehörige und andere geliebte Menschen verloren; wieder andere sind noch immer traumatisiert, weil sie Zeugen der Anschläge wurden. Und auch in den Jahren nach 2001 haben viele Menschen wegen der Ereignisse des 11. September ihr Leben verloren oder unsagbares Leid erlitten. Mehrere tausend amerikanische Soldaten sind in den Kriegen in Afghanistan und im Irak gefallen; dazu kommen einige hundert Angehörige verbündeter Streitkräfte, darunter auch 44 Bundeswehrsoldaten, die bei Kampfhandlungen, Anschlägen oder Unfällen in Afghanistan bis Dezember 2010 getötet wurden. Ungleich mehr Opfer sind unter der afghanischen und irakischen Zivilbevölkerung zu beklagen. Je nachdem, welchen Statistiken man glaubt, sind in beiden Ländern zwischen mehreren zehntausend und mehreren hunderttausend Menschen als Folge von Kampfhandlungen ums Leben gekommen. Selbst wenn sie persönlich keinen Schaden davongetragen oder ihre Lebensgrundlage nicht verloren haben, ist das Leben fast aller Menschen in diesen Ländern aufgrund der wegen des 11. September 2001 geführten Kriege ein völlig anderes. Denn nicht zuletzt hat sich die staatliche Ordnung im Irak und in Afghanistan als Folge des 11. September radikal gewandelt. Für diese Länder markiert 9/11 daher tatsächlich eine Zäsur.

Für die Vereinigten Staaten von Amerika jedoch, auf die sich unser Buch konzentriert, ist dies aus der Distanz von zehn Jahren nicht der Fall. Für die USA wirkten die Anschläge »lediglich« als Katalysator: Sie haben längerfristige Entwicklungen verstärkt und ihnen zu größerer Sichtbarkeit verholfen. Dies gilt für politische Entwicklungen wie für wirtschaftliche und für soziale ebenso wie für kulturelle. So markiert 9/11 weder das Ende der weltweiten amerikanischen Vorherrschaft noch den Beginn von außenpolitischen Alleingängen der US-Regierung, die gegen den Willen der Völkergemeinschaft durchgeführt wurden. Amerika hat seit 1945 und insbesondere seit dem Zerfall der Sowjetunion immer allein gehandelt, wenn es dies für nötig erachtete. Und es wird dies auch in Zukunft tun, da die amerikanische Vormacht noch Bestand hat. Auch ist der Kampf gegen den Terrorismus nicht allein dafür verantwortlich, dass sich der Haushaltsüberschuss, den Präsident George W. Bush von seinem Vorgänger Bill Clinton übernahm, schnell in das größte Defizit der amerikanischen Geschichte verwandelte. Die unterschiedlichen Maßnahmen, die nach dem 11. September ergriffen wurden, haben diese Entwicklung verstärkt, sie wäre aber auch ohne die Anschläge auf das World Trade Center und das Pentagon eingetreten.

Gleiches gilt für Kunst und Literatur. 9/11 hat keinesfalls das Ende der Postmoderne und die Rückkehr zu einer »ernsthafteren« und weniger ironischen Ästhetik eingeläutet, wie immer wieder behauptet wird. Diese Entwicklung, die zudem lediglich für einen Teil der kulturellen Produktion gilt, war ebenfalls schon vorher im Gange; auch sie ist durch den 11. September nur sichtbarer geworden. Schließlich ist, um ein letztes Beispiel zu geben, nicht 9/11 allein dafür verantwortlich, dass in den USA in den letzten zehn Jahren traditionelle Geschlechterrollen eine Renaissance erlebt haben, auch wenn man das aufgrund der großen medialen Aufmerksamkeit, die besonders »männlichen« Männern wie Feuerwehrmännern und Soldaten im Zuge der Anschläge und der ihnen folgenden Kriegen zuteil wurde, meinen könnte. Medienwirksame Auftritte wie derjenige von George W. Bush in Fliegermontur auf der USS Abraham Lincoln im Mai 2003 haben diese Rückkehr zu konservativen Entwürfen von Männlichkeit nur besonders sichtbar werden lassen.

Bushs Auftritt auf dem Flugzeugträger ist zweifellos jedem noch immer vor Augen. Das ist kein Zufall. Der 11. September 2001 und die Ereignisse, die ihm folgten, haben eine Vielzahl von Bildern entstehen lassen, die sich ins kollektive Gedächtnis eingeprägt haben. Man denke nur an die brennenden Türme, deren rauchende Ruinen oder die vom Fotografen Richard Drew aufgenommenen Bilder des »Falling Man«, der den Sprung in den Tod dem Ersticken vorzog. Aber auch die Aufnahmen vom Sturz der Saddam-Statue in Bagdad, von vollständig in Orange gekleideten Häftlingen im umstrittenen Gefangenenlager Guantanamo auf Kuba oder von der Zerstörung, die der Hurrikan Katrina 2005 in New Orleans anrichtete, haben mittlerweile ikonischen Status erlangt.

Die zehn Essays zu den Themen Weltmacht, Umwelt, Kunst, Religion, Wirtschaft, Männer, Patriotismus, Recht, Verschwörung und Anti-Amerikanismus tragen dieser Bedeutung der Bilder Rechnung, indem sie jeweils von einem solchen Bild ausgehen, das um die Welt gegangen ist. Im Dialog mit diesem Bild entwickeln die einzelnen Beiträge ihre Argumentation und zeichnen die Entwicklung der USA während der letzten zehn Jahre kaleidoskopisch für die unterschiedlichsten Bereiche nach. Mitunter verweisen sie auf ältere, ganz ähnliche Bilder oder kehren nach Ausflügen ins 19. Jahrhundert oder in die noch weiter zurückliegende Vergangenheit abschließend wieder zu dem Bild zurück, von dem sie ausgegangen sind. So ordnen sie 9/11 in längerfristige historische Entwicklungen ein und gelangen zu einer angemessenen Bewertung dieses Ereignisses. Denn welche Route die einzelnen Autorinnen und Autoren – junge deutsche Wissenschaftlerinnen und Wissenschaftler, die einen Großteil ihrer akademischen Sozialisation nach dem 11. September 2001 erfahren haben – auch wählen: Am Ende jedes Beitrags steht immer das Fazit, dass der 11. September 2001 die USA nicht von Grund auf verändert hat. Im Unterschied zu Studien, die fälschlicherweise darauf beharren, dass der 11. September eine Zäsur darstellt, relativiert dieses Buch somit die Bedeutung dieses Ereignisses.

Unser Buch schärft deshalb das Verständnis dafür, dass die wenigsten Ereignisse wie aus dem Nichts über uns kommen – auch wenn es sich bisweilen so anfühlt. Das Wissen darum, dass selbst ein scheinbar welterschütterndes Ereignis wie 9/11 weder plötzlich kam, noch alles grundlegend verändert hat, lässt uns verstehen, dass es fast immer längerfristige Entwicklungen sind, die unser Leben bestimmen. Somit verhilft unser Buch nicht nur zu einem besseren Verständnis der USA und des 11. September und seiner Folgen; es soll auch dazu ermuntern, tagesaktuelle Entwicklungen grundsätzlich im historischen Zusammenhang zu betrachten. Das verschafft zum einen die notwendige Gelassenheit, die vor medialer Panikmache und der politischen Instrumentalisierung einzelner Ereignisse schützt. Zum anderen werden so wirklich bedeutsame Trends – entlastet von der Aufregung des Tagesgeschäftes – umso klarer erkennbar.

Zu diesen Trends gehört, dass die USA gegenüber den 1990er Jahren relativ gesehen an weltpolitischem Einfluss, wirtschaftlicher Stärke und zivilisatorischer Vorbildlichkeit einbüßen. Diese Entwicklung wurde durch 9/11 in der Tat scharf markiert und beschleunigt. Sie gilt jedoch für den Westen insgesamt, also auch für uns Europäer. Ob wir diese Entwicklung nun umkehren oder lediglich verwalten wollen – eine enge Partnerschaft mit den USA bleibt unverzichtbar. Die Voraussetzung für eine funktionierende Zusammenarbeit ist jedoch, den Partner zu kennen und zu verstehen. Auch dazu soll dieses Buch einen Beitrag leisten.

*Michael Butter, Birte Christ und Patrick Keller*

**WELTMACHT**  Dies war das Sinnbild amerikanischer Übermacht: Nach der Eroberung Bagdads am 9. April 2003 verhüllen US-Soldaten das Gesicht der gewaltigen Statue Saddam Husseins, bevor sie den Diktator vom Sockel reißen. Dieser Machtdemonstration ging ein nicht einmal dreiwöchiger Feldzug voraus – entgegen aller Warnungen vor der militärischen Stärke und bedingungslosen Kampfbereitschaft des Irak war der Sieg, wie die amerikanische Presse schrieb, ein »Kinderspiel«. Der von außen erzwungene Regimewechsel in Bagdad zeigte die Vereinigten Staaten aber nicht nur der militärischen Fähigkeiten wegen auf dem Höhepunkt ihrer weltpolitischen Durchsetzungskraft. Die Regierung Bush hatte es vermocht, ihren Willen gegen die Mehrheit der Weltöffentlichkeit, gegen die gängige Interpretation des Völkerrechts und ohne Zustimmung der Vereinten Nationen oder Beteiligung der NATO zu behaupten. Obwohl eine Koalition von 48 Staaten auf Seiten der USA stand, war es zweifellos ein von Washington gewollter, geplanter und geführter Krieg. Der Sturz Saddams, physisch wie symbolisch, ist Ausdruck allein amerikanischer Stärke – so wie das nachfolgende Chaos und Elend allein amerikanischer Schwäche und Unfähigkeit zugerechnet wurde. Das Bild des Denkmalsturzes ist daher für uns doppeldeutig: Im Zeichen des größten Triumphes ist schon der innere Abstieg verborgen. Die Bilder vom eroberten Bagdad und der »erfüllten Mission« künden von einer Machtposition, deren Grundlagen bereits erodieren.

Ohne die Ereignisse des 11. September 2001 wäre es nicht zu diesem Krieg gekommen. Zwar hatten Demokraten und Republikaner schon seit den späten 1990er Jahren den Sturz

Saddam Husseins zum Ziel amerikanischer Politik erklärt, aber ein Waffengang war politisch nicht durchsetzbar. Erst durch die traumatische Verwundung des Heimatlandes am 11. September und die Furcht vor dem Zusammenwirken von Schurkenstaaten, internationalen Terrororganisationen und Massenvernichtungswaffen konnte die notwendige Konzentration auf den Irak erreicht werden. Welche Bedeutung hat also 9/11 für die Stellung der USA im internationalen Machtsystem? Bezeichnen die Terrorangriffe und ihre Folgen einen Wendepunkt oder wirkten sie als Reaktionsbeschleuniger bereits laufender Prozesse?

Dies ist die klassische Frage nach Kontinuität und Wandel in der internationalen Politik, die sich auch in diesem Fall auf zweierlei Weise beantworten lässt. So besteht Einigkeit nur darüber, dass die USA spätestens seit dem Zweiten Weltkrieg eine »Weltmacht« sind, auch wenn niemand ganz schlüssig erklären kann, was außenpolitische »Macht« eigentlich ist, geschweige denn, wie man sie misst. Anspruch und Befähigung zu einer besonders einflussreichen internationalen Rolle begleiten die Vereinigten Staaten schon seit ihrer Gründung. Der revolutionäre liberale Geist, die Bodenschätze, das weite, fruchtbare Land und die hohe Bevölkerungszahl sowie die Insellage mit wenigen und dazu schwachen Nachbarstaaten begünstigten ihren Aufstieg und machten sie zum »natürlichen« machtpolitischen Nachfolger der schrumpfenden europäischen Imperien. Das Standardwerk des Politikwissenschaftlers Christian Hacke zur amerikanischen Außenpolitik trägt seinen schönen Titel zu Recht: »Zur Weltmacht verdammt«.

Für die historisch einzigartige Situation des Kalten Krieges, in der zwei feindliche Staaten über apokalyptisches Zerstörungspotential verfügten und den Globus in Einflusssphären teilten, genügten die Begriffe der »Groß- und Weltmächte«, wie sie die europäische Geschichte hervorgebracht hatte, allerdings nicht mehr. Sowjetunion und USA waren »Supermächte«. Deshalb war es nach dem Untergang der UdSSR nur ein kleiner Schritt, die USA zur »Hypermacht« zur erklären, wie es der französische Außenminister Hubert Védrine 1999 mit einiger Verdrießlichkeit tat. Gemessen an diesen welthistorischen Machtverschiebungen, welche Relevanz hat da 9/11?

Wer den 11. September als machtpolitischen Wendepunkt bezeichnet, führt meist drei Argumente an. Das erste Argument identifiziert den internationalen Terrorismus als einen neuartigen Gegner. Als nicht-staatlicher Akteur verkörpert er die Schattenseiten der Globalisierung und bereitet den Nationalstaaten nicht nur besondere Probleme in seiner Bekämpfung, sondern stellt – ähnlich anderen Bedrohungen wie dem Klimawandel – ihre zentrale Rolle in der internationalen Politik grundsätzlich in Frage. 9/11 zeigt, dass klassische, militärisch geprägte Machtpolitik zwischen Nationalstaaten nur noch einen Teil der Wirklichkeit ausmacht und vielleicht nicht einmal mehr den wichtigsten. Wenn man sich die internationale Politik, wie der Harvard-Professor Joseph Nye, als dreidimensionales Schachspiel vorstellt, repräsentiert das erste Brett das Ringen um militärische Vormacht, das zweite die wirtschaftliche Machtverteilung und das immer bedeutsamere dritte Brett die wechselseitigen, oft kulturell und ideell geprägten Abhängigkeiten im Zeitalter der Globalisierung. In diesem Sinne sind die USA nur noch am ersten Brett die Hypermacht, an den anderen beiden geraten sie ins Hintertreffen.

Das zweite Argument zielt auf die Art und Weise, wie die USA ihre Rolle als Weltmacht wahrnehmen. Im Kalten Krieg und in den 1990er Jahren wurden die Vereinigten Staaten oft als »wohlwollender Hegemon« charakterisiert, ihre Übermacht mithin als etwas Positives angesehen. Es ist in der Tat bemerkenswert, wie sehr sich die Vorherrschaft der USA etwa vom ausbeuterischen Imperialismus anderer Staaten früherer Epochen unterscheidet. Die USA waren vielmehr bemüht, ein liberales, integratives System zu schaffen, für dessen Stabilität und Verteidigung sie in besonde-

rem Maße einstanden und von dem sie (und andere liberale Staaten) in besonderem Maße profitierten. Nach 9/11
wandelten sich die USA allerdings von der Ordnungsmacht
innerhalb dieses Systems zu einer Macht, die diese Ordnung verletzt. Alle Schlagworte der Außenpolitik Bushs –
Präventivkrieg, Unilateralismus und Imperialismus – stehen
für diesen Bruch mit dem Grundprinzip amerikanischer
Weltpolitik, herbeigeführt durch den Schock von 9/11.

Das dritte Argument schließlich erkennt in den langwie-
rigen, kostspieligen und verlustreichen Einsätzen der USA
in Afghanistan und im Irak nicht nur direkte Folgen des
11. Septembers, sondern auch erhebliche machtpolitische
Fehlkalkulationen. Unabhängig vom Ausgang dieser Einsätze werden sie den USA mehr geschadet als genutzt haben;
insbesondere der völlig unnötige Irakkrieg habe erheblich
dazu beigetragen, dass die Vormachtstellung der USA in der
internationalen Politik schwindet. Machtpolitische Konkurrenten wie China, Indien, Brasilien und Russland, aber
auch weniger bedeutende Gegner wie Iran und Venezuela
nutzen die Schwäche Amerikas zu ihrem eigenen Vorteil.
Insgesamt hat 9/11 so den Wandel der Weltordnung enorm
beschleunigt, wenn nicht sogar herbeigeführt: Das unipola-
re, allein von den USA bestimmte System weicht einem
multipolaren, in dem verschiedene Staaten ungefähr gleich
viel Einfluss haben.

Alle drei Argumentationslinien sind tatsächlichen Entwicklungen auf der Spur und enthalten gute Beobachtun-
gen. Weil sie jedoch viele Details ausklammern oder schief
wiedergeben, kommen sie zu falschen Schlussfolgerungen:
Denn auch nach dem 11. September 2001 ist die amerikanische Weltmacht-Rolle von deutlich mehr Kontinuität als
Wandel gekennzeichnet.

Besonders gut lässt sich dies am ersten Argument zeigen,
das dem internationalen Terrorismus besonders einschnei-
dende Bedeutung zumisst. Denn die Angriffe vom 11. September waren keineswegs das erste Mal, dass der internati-

onale Terrorismus im Allgemeinen und Osama bin Ladens al-Qaida im Besonderen die Zerstörung amerikanischer Einrichtungen zum Ziel hatte. Durch aufsehenerregende Anschläge auf das World Trade Center (1993), die amerikanischen Botschaften in Kenia und Tansania (1998) sowie auf den amerikanischen Zerstörer *USS Cole* im Hafen von Aden (2000) etablierte sich al-Qaida schon in den Clinton-Jahren als ernstzunehmende Bedrohung. Die Bluttaten des islamistischen Terrorismus in Washington und New York sowie danach in Istanbul, Madrid und London stehen in schrecklicher Kontinuität zu den 1990er Jahren und haben – mit Ausnahme des 11. September selbst – auch keine neue Qualität oder Intensität erreicht. Es ist daher bezeichnend, dass Präsident Obama in seiner ersten Nationalen Sicherheitsstrategie den Terrorismus nicht mehr als gefährlichste Bedrohung der Vereinigten Staaten einstuft, sondern an erster Stelle die Verbreitung von Massenvernichtungswaffen nennt. Von einem dauerhaften Paradigmenwechsel in der amerikanischen Sicherheitspolitik, der durch den 11. September ausgelöst wurde, kann also keine Rede sein.

Die Beobachtung, dass der internationale Terrorismus eine Bedrohung neuen Typs darstellt, trifft allerdings zu. Keine nicht-staatliche Organisation hat durch ihre Verbrechen solche weltpolitische Bedeutung erlangt wie al-Qaida – das war bislang Verschwörern aus James-Bond-Filmen vorbehalten. Aus dem nicht-staatlichen Charakter des Terrornetzwerkes erwachsen zahlreiche Probleme rechtlicher und politischer Natur. So ist, wie das Kapitel zum Thema Recht in diesem Buch zeigt, der richtige Umgang mit nicht-staatlichen Kämpfern juristisch hoch umstritten. Zum Beispiel sind die Genfer Konventionen für den Umgang mit Kriegsgefangenen auf Soldaten beschränkt, die unter Befehl einer nationalstaatlichen Führung kämpfen und verschiedene Voraussetzungen wie das Tragen einer Uniform erfüllen. Nichts davon trifft auf al-Qaida-Terroristen zu. Wie schwierig zudem die praktisch-strategische Kriegführung gegen nicht-staatliche Akteure für eine Armee ist, die eigentlich auf zwischenstaatliche Konflikte ausgerichtet ist, haben die USA schon im Vietnamkrieg erfahren müssen. Diese so genannten asymmetrischen Kriege stellen besondere Herausforderungen an Ausbildung und Ausrüstung nationaler Streitkräfte und erfordern vor allem eine andere Kommunikation mit der eigenen Bevölkerung als symmetrische, zwischenstaatliche Kriege. Nicht zuletzt erschwert der nicht-staatliche Charakter des terroristischen Gegners auch diplomatische Lösungen, da oft nicht klar ist, wer eigentlich bei Verhandlungen für die Terroristen sprechen kann und inwiefern der Verhandlungspartner getroffene Vereinbarungen innerhalb des terroristischen Netzwerkes durchsetzen kann.

Der Begriff des »Netzwerkes« zeigt zugleich, wie sehr der internationale, nicht-staatliche Terrorismus Ausdruck eines neuen Zeitalters ist. Der globalisierte Terrorismus funktioniert ganz ähnlich wie multinationale Konzernstrukturen oder das Web 2.0, in dem Facebook und andere Erfindungen den Zusammenschluss und das Zusammenwirken von Individuen ungeachtet ihrer geographischen Verortung ermöglichen. Das Prinzip der Territorialität, des Staatsgebietes, das für die Erfindung der Nationalstaaten grundlegend ist, verliert in dieser vernetzten Welt an Bedeutung. Grenzen werden, wenn auch nicht unwichtig, so doch ganz eindeutig durchlässiger. Das schmälert nicht nur die Handlungsfähigkeit des Staates, sondern stellt in letzter Konsequenz eine seiner Existenzgrundlagen in Frage.

Dies bedeutet jedoch nicht, dass 9/11 für einen Gezeitenwechsel steht. Denn De-Territorialisierung, globale Vernetzung und entgrenzter Cyberspace fordern staatliche Ordnungsmacht bereits seit der Revolution der Computer- und Kommunikationstechnologie in den frühen 1990er Jahren heraus, als Internet und Mobiltelefone massenhafte Verbreitung fanden. So gesehen besteht die gefährlichere und typischere Herausforderung staatlicher Autorität eher

in der Vernetzung der globalen Finanz- und Wirtschafts-
märkte als in der Vernetzung einiger Terrorzellen. Und auch
wenn der nicht-staatliche internationale Terrorismus eine
Bedrohung neuen Typs darstellt, heißt das nicht, dass seine
Bekämpfung unmöglich wäre. Im Gegenteil zeigt gerade
das Beispiel al-Qaida, dass auch nicht-staatliche Organisationen auf die finanzielle und politische Unterstützung durch
Nationalstaaten angewiesen sind. Denn nicht zuletzt gilt
auch für internationale Terroristen, dass sie nicht virtuell
sind, sondern sich physisch und ganz konkret an einem Ort
aufhalten müssen. Dieser Ort unterliegt aber in fast allen
Fällen staatlicher Hoheit und Kontrolle − es sei denn, der
jeweilige Staat funktioniert nicht. Daher ist *state-building*,
der Aufbau funktionierender staatlicher Strukturen, solch
ein wichtiges (und komplexes) Ziel des Westens in Afghanistan. Dort, wo staatliche Strukturen versagen, können
fremde staatliche Akteure einspringen und Ordnung schaffen. Der amerikanische Erfolg gegen al-Qaida im Irak nach
2007 zeigt, dass die Durchsetzung solcher Ordnung von außen gegen die terroristische Unterwanderung bestimmter
Gegenden erfolgreich sein kann. Auch die Durchsetzung
staatlicher Autorität gegen terroristische Strukturen auf Sri
Lanka und viele andere Beispiele belegen, dass der internationale Terrorismus zwar eine Bedrohung neuen Typs ist,
aber dennoch mit vorhandenen Mitteln und Strategien be-
siegt werden kann. Der angebliche Umbruch, den 9/11
und die »neuartigen Kriege« markieren, ist mithin nicht so
gravierend.

Die zweite Argumentationslinie, die 9/11 als Wendepunkt ansieht, weil die USA seitdem ihre Rolle als Weltmacht anders wahrnehmen, ist nicht leicht von der Hand
zu weisen. Nicht nur die unbeirrbare Kriegsbereitschaft,
sondern auch die schroffe und martialische Rhetorik, mit
der Präsident Bush den Krieg gegen den Terrorismus be-
gleitete − zum Beispiel die Einteilung der Welt in Gut und
Böse −, verschreckte viele Sympathisanten des »wohlwol-

lenden Hegemon«. Diese Irritation über die vermeintlich neue, imperialistische und religiös aufgeladene Außenpolitik der USA beruht allerdings auf einem Missverständnis, entstanden aus einer verkürzten und zudem verklärten Sicht auf die Geschichte der amerikanischen Rolle in der Welt. So wird der Traditionsbruch Bushs meist in Abgrenzung zu den vorhergehenden Clinton-Jahren konstruiert. Diese 1990er Jahre waren aber einerseits eine Ausnahme, gewissermaßen ein »Urlaub von der Geschichte« (Charles Krauthammer), weil die besondere Machtposition der USA und das Fehlen eines ebenbürtigen Gegners einen befristeten historischen Sonderfall darstellten. Und andererseits war die amerikanische Außenpolitik selbst in dieser Phase keineswegs so angepasst und unumstritten wie in der Rückschau gerne attestiert wird – erinnert sei nur an die jahrelangen Streitigkeiten zwischen Europäern und Amerikanern über die Balkankriege.

Blickt man weiter in die amerikanische Geschichte zurück als nur bis zum Ende des Kalten Krieges, wird deutlich, dass die vielgescholtene Dreifaltigkeit der Außenpolitik Bushs – Präventivkrieg, Unilateralismus, Imperialismus – schon immer Teil des amerikanischen Portfolios war. So hat der Historiker John Lewis Gaddis gezeigt, dass der Präventivkrieg, also der »vorbeugende« Einsatz militärischer Gewalt gegen einen denkbaren, aber noch nicht angreifenden Gegner, schon für Präsidenten wie John Quincy Adams, Theodore Roosevelt und Woodrow Wilson ein probates Mittel war, um amerikanische Sicherheitsinteressen durchzusetzen. Wann immer es ihnen machtpolitisch möglich und sicherheitspolitisch nötig erschien, haben amerikanische Regierungen diese Interessen auch unilateral durchgesetzt, also eigenständig und ohne Rücksicht auf die Haltung anderer Staaten – egal ob Verbündete oder Gegner. Die vielgepriesene Institution des gemeinschaftlichen und völkerrechtlich angemessenen Handelns, die von den USA ins Leben gerufenen Vereinten Nationen, waren in diesen sicherheitspolitischen Fragen nie maßgeblich, weil das Entscheidungsgremium, der Sicherheitsrat, durch die Machtkonstellation des Kalten Krieges fast immer blockiert war. Selbst in den 1990er Jahren, zum Beispiel im Kosovo-Krieg 1999, haben die USA ihre Rolle als Weltordnungsmacht auch ohne den Segen der von Einzelinteressen gelähmten Institution wahrgenommen (beziehungsweise wahrnehmen müssen). Der umstrittene Irak-Krieg ist also keineswegs ein Einzelfall und zeigt auch keine neue weltpolitische Rolle der USA an.

Der Vorwurf des »neuen Imperialismus« der Vereinigten Staaten unter Bush beschreibt ironischerweise die wohl deutlichste aller Traditionslinien amerikanischer Außenpolitik. Schon seit Thomas Jefferson von den Vereinigten Staaten als »Imperium der Freiheit« sprach, ist das Missionarische Teil der amerikanischen Rolle in der Welt. Nimmt man den politischen Liberalismus eines John Locke, der den Gründungsgeist der USA ausmacht, ernst, kann man ihn nicht anders als missionarisch verstehen: Der naturrechtliche Universalismus seines Freiheitsbegriffs lässt keinen Kompromiss zu; er ist all-ausgreifend. Damit ist auch klar, dass der spezifisch amerikanische Imperialismus nicht primär ökonomisch zu verstehen ist, sondern ideologisch. Die USA sind nicht in die Welt hinausgegangen, um sie zu unterwerfen, sondern um sie gemäß eigener liberaler Interessen und Ideale neu zu gestalten – der Unterschied etwa zur französischen *mission civilisatrice* ist subtil, aber fundamental. Denn die Vereinigten Staaten versuchen nicht, die unterworfenen Staaten nach ihrem Bilde zu formen, sondern ihnen die Möglichkeit zur freiheitlichen Eigenentwicklung zu verschaffen. Bushs von vielen als heuchlerisch oder zumindest befremdlich empfundene Freiheitsrhetorik steht daher in langer, überparteilicher Kontinuität mit den Reden und Schriften Jeffersons und Wilsons, Kennedys und Reagans.

Aber dennoch: War nicht mit dem Ende des Kalten Krieges die Hoffnung auf viele andere »Enden« verbunden

– auf das Ende des Zeitalters der Ideologien, auf das Ende der Geschichte? Also auch auf ein Ende der vielleicht notwendigen und vielleicht sogar begrüßenswerten aber nichtsdestotrotz gewalttätigen und rücksichtslosen Traditionen Amerikas von Präventivkrieg, Unilateralismus und Imperialismus? Nach dem Fall der Berliner Mauer und der Implosion des Sowjetkommunismus verbreitete sich – wenn auch nur im Westen, nicht in Asien oder Lateinamerika – ein utopisches Verständnis internationaler Politik, die fortan von Verrechtlichung, Gemeinsinn, wirtschaftlicher Verflechtung und vor allem Gewaltlosigkeit geprägt sein würde. In diesem Verständnis waren die Kriege auf dem Balkan nur ein kurzer Nachklapp zur Abwicklung des Ost-West-Konfliktes; die Kriege in Somalia, Ruanda und Haiti typisch für eine historisch rückständige Sphäre, die bald in der Welt des ewigen Friedens anlangen würde. Die Heftigkeit der Kritik an Bush, gerade in Europa und Amerika, rührt daher, dass er diese Illusion durchbrochen hat, indem er die fortdauernde Gültigkeit überwunden geglaubter Prinzipien internationaler Politik auch für den Westen unterstrich.

So sehr Bush also gerade der Kontinuität seiner Politik wegen in die Kritik geraten ist, muss man ihm doch eine wegweisende konzeptionelle Neuerung anrechnen. Denn seine Regierung hat die zentrale Bedrohung der Sicherheit des Westens früher und klarer erkannt und benannt als alle anderen: die neuartige Verbindung von zerfallenden Staaten, Massenvernichtungswaffen und internationalem Terrorismus. Denn der wahre Alptraum der Sicherheitsexperten nach 9/11 war nicht ein zweiter 11. September, sondern ein 11. September mit Massenvernichtungswaffen – beispielsweise biologischen oder radioaktiven Kampfstoffen. Daher galt es in der Folge des 11. Septembers, neue Wege zu finden, die Verbreitung von Massenvernichtungswaffen zu verhindern, fragile Staaten zu stabilisieren und Terrororganisationen offensiver zu bekämpfen.

Es lässt sich darüber streiten, ob Bushs Politik diesen Zielen im Einzelnen zuträglich war. Die »Entwaffnung« des Irak oder die (gewaltsame) Förderung von Demokratie zur Stabilisierung von Staaten und zur langfristigen Vorbeugung gegen Radikalisierung und Terror bleiben fragwürdige Maßnahmen. Aber fest steht, dass aufgrund der neuen Bedrohungszusammenhänge neue Wege gefunden werden mussten. Schon die 1990er Jahre hatten gezeigt, dass ein schlichtes Vertrauen auf UN-Diplomatie und das ausnahmslose Beharren auf das nationalstaatliche Souveränitätsprinzip der Bedrohungs- und Weltlage nicht mehr gerecht wurden. Als führende Weltmacht und Schöpfer wie Beschützer des internationalen Systems mussten die USA daher zum Schutz westlicher Prinzipien auch Wege beschreiten, die mit dem westlich geprägten System nicht ohne weiteres vereinbar waren. Die Vereinigten Staaten wurden so notgedrungen wieder einmal zur revolutionären Macht, wohingegen die machtpolitisch schwächeren Staaten, in ihrer verständlichen Fixierung auf verlässliche Regeln und systemische Beständigkeit, die USA lieber als Statusquo-Macht gesehen hätten. Dieses Spannungsverhältnis liegt dem andauernden Streit um die richtige Auslegung der amerikanischen Rolle als Weltmacht zugrunde. Der 11. September und seine Folgen haben diesen Zwist wie in einem Brennglas fokussiert. Aber sie haben ihn nicht ausgelöst, sondern nur seit dem Ende des Kalten Krieges bestehende Trends verdeutlicht. Es ist daher folgerichtig, dass selbst unter dem »Anti-Bush« Barack Obama die gleichen Streitigkeiten über die amerikanische Führungsrolle innerhalb internationaler Institutionen, im Irak und in Afghanistan ausgefochten werden. Allerdings verlaufen diese Streitigkeiten mit geringerer rhetorischer Schärfe als unter Bush und schaffen es daher seltener auf die Titelseiten der großen Zeitungen.

Anhänger der dritten Argumentationslinie sehen den Grund für die geringere Intensität der Streitigkeiten in der veränderten internationalen Ordnung, welche durch die Folgen des 11. Septembers entstanden oder zumindest sichtbar geworden ist: Die USA sind nicht mehr so übermächtig wie noch vor 9/11; die Ausgaben, Opfer und Demütigungen, die sie in den langen Einsätzen in Afghanistan und insbesondere im Irak hinnehmen mussten, haben ihre internationale Stellung zugunsten anderer Staaten geschwächt und lassen sie zurückhaltender auftreten als noch unter Bush.

In der Tat mehren sich seit dem Fall der Saddam-Statue in Bagdad die Zeichen amerikanischen Einflussverlusts: Zum Missfallen ihrer Nachbarschaft gerieren sich Russland und China wieder selbstbewusster als regionale Führungsmächte; die amerikanisch dominierte G-8-Runde musste in Anerkennung der wirtschaftspolitischen Realität den Einzug aufstrebender Staaten wie Indien in die neugefasste G-20 akzeptieren; und Staaten wie Venezuela, Nordkorea und Iran stellen sich in immer offenere Opposition zu amerikanischen Ordnungsansprüchen. Auch ein Blick in die Bestseller-Listen der letzten Jahre ergibt ein eindeutiges Bild: von Emmanuel Todd über Parag Khanna bis Peter Scholl-Latour wird, nicht selten mit kaum verhohlener Schadenfreude, das Lied des amerikanischen Abstiegs gesungen.

Auch in diesem Zusammenhang wird der Einfluss des 11. Septembers und der nachfolgenden Entscheidungen Bushs jedoch oft überschätzt. Denn alle Theorien internationaler Beziehungen haben nach der Auflösung der Sowjetunion nur ein kurzes Zwischenspiel amerikanischer »Alleinherrschaft« vorhergesagt. Selbst überzeugte amerikanische Nationalisten sind davon ausgegangen, dass es sich bei dieser Phase nur um einen »unipolaren Moment« handeln würde. Denn es gehört zum Wesen internationaler Politik, dass sich mit der Zeit ein Machtgleichgewicht etabliert. Aus dem Interesse eigener Souveränität heraus werden sich andere Staaten der Vormacht entgegenstellen, so wohlwollend sie auch (von einigen) wahrgenommen wird. Wirtschafts- und machtpolitische Gesetzmäßigkeiten garantieren, dass diese Herausforderer im Rennen um Gewinn, Einfluss und Ressourcen auf Dauer relative Vorteile genießen – wie noch alle Imperien der Weltgeschichte erfahren mussten. Dass also Staaten wie China dieser Tage zu ernsthaften machtpolitischen Konkurrenten der USA heranwachsen, war schon lange vor 9/11 eine absehbare Entwicklung, wenngleich der unglückliche Verlauf der Kriege in Afghanistan und im Irak diese Machtverschiebung vermutlich begünstigt und beschleunigt hat.

Diese Analyse muss jedoch sogleich eingeschränkt werden. Denn die Rede von systemischen Zwängen und machtpolitischen Gesetzmäßigkeiten ist keinesfalls als Determinismus zu verstehen. Die Geschichte ist offen – ungeachtet aller Trends und typischer Einflussfaktoren ist keine (macht-)politische Entwicklung unausweichlich. Somit ist der amerikanische Niedergang nicht nur vermeidbar (oder kann zumindest sehr lange verzögert werden), sondern er hat sich bislang auch keineswegs so eindeutig manifestiert wie aus den bisher gegebenen Beispielen gefolgert werden könnte. Denn betrachtet man die drei Komponenten internationaler Macht – militärische Stärke, wirtschaftliche Kraft und kulturell-ideologische Attraktivität –, stehen die USA auch zehn Jahre nach dem 11. September trotz Krisen und Rückschlägen immer noch ausgezeichnet da. Ihre militärischen Möglichkeiten übertreffen die aller anderen Staaten zusammengenommen, ihre wirtschaftliche Leistungsfähigkeit und Innovationskraft ist immer noch Weltspitze und der populäre Charme amerikanischer Ideen und Kultur hat den Globus immer noch fest im Griff – so wie neuerdings auch wieder die internationale Begeisterung über den Charme des amerikanischen Präsidenten den USA hohes Ansehen verschafft. Hinzu kommen noch politische Machtfaktoren wie die hervorragende Positionierung der USA im Kürzel-Geflecht internationaler Organisationen, von der UNO über die NATO und die WTO bis zum IMF und der APEC.

Natürlich gibt es auch Faktoren, die Amerika als Weltmacht gefährden können, wie zum Beispiel der gewaltige Schuldenberg und die wacklige Rolle des Dollar als internationale Leitwährung. Aber verglichen mit den Problemen machtpolitischer Herausforderer wie China – demographische Entwicklung, unvorhersehbare Folgen des schleichenden Systemwechsels, Umweltzerstörung und das Wohlstandsgefälle zwischen Stadt und Land – erscheinen diese Schwächen eher unbedeutend. Dieser direkte Vergleich macht zudem deutlich, dass die Vereinigten Staaten aufgrund ihrer gesellschaftlichen Offenheit und historisch bewiesenen Anpassungsstärke besonders befähigt sein dürften, die Bedingungen der vernetzten, entgrenzten Welt des 21. Jahrhunderts zu ihrem eigenen Vorteil zu nutzen.

Es gibt daher allen Grund, die USA auf absehbare Zukunft als Weltmacht und in der Rolle der maßgeblichen internationalen Führungsmacht zu sehen. Denn diese Rolle bedeutet ja nicht, dass man die Welt ohne Widerstand und mit stets garantiertem Erfolg nach eigenem Belieben gestalten kann. Der Einfluss auch der stärksten Macht hat Grenzen. Aber diese Macht wird die Rahmenbedingungen der internationalen Politik stärker bestimmen und die internationalen Regeln, wenn es ihr geboten scheint, leichter brechen und umgehen können als jeder andere Staat. In diesem Sinne bleibt Amerika nicht nur Welt-, sondern vor allem Ordnungsmacht. Das war vor dem 11. September so und ist noch immer so. Und wer weiß: Wenn sich Afghanistan und der Irak im Laufe der nächsten Jahrzehnte tatsächlich noch als souveräne, islamische Demokratien stabilisieren sollten, könnte dies einen verspäteten amerikanischen Triumph bedeuten, in dem der Sturz der Saddam-Statue in Bagdad nicht mehr für den Zenith amerikanischer Macht steht, sondern als Symbol gilt für eine dauerhafte Ära neuer amerikanischer Dominanz.

*Patrick Keller*

## ZUM WEITERLESEN

Ferguson, Niall. *Das verleugnete Imperium: Chancen und Risiken amerikanischer Macht*. Berlin: Propyläen, 2004.

Hacke, Christian. *Zur Weltmacht verdammt: Die amerikanische Außenpolitik von J. F. Kennedy bis G. W. Bush*. München: Ullstein, 2005.

Kagan, Robert. *Macht und Ohnmacht: Amerika und Europa in der neuen Weltordnung*. München: Goldmann, 2004.

Keller, Patrick. *Neokonservatismus und amerikanische Außenpolitik: Ideen, Krieg und Strategie von Ronald Reagan bis George W. Bush*. Paderborn: Schöningh, 2008.

Rudolf, Peter. *Imperiale Illusionen: Amerikanische Außenpolitik unter Präsident George W. Bush*. Baden-Baden: Nomos, 2007.

**UMWELT**   Am Donnerstag, den 25. August 2005, passierte ein Hurrikan die Südspitze Floridas. Es war bereits der elfte, der sich in dieser ungewöhnlich aktiven Saison über dem Atlantik gebildet hatte, und die Meteorologen tauften ihn auf den Namen »Katrina«. Im Verlauf des folgenden Wochenendes sammelte der Wirbelsturm über den warmen Gewässern des Golfes von Mexiko weitere Kraft, bevor er nach Norden abbog, um am Morgen des 29. August als Hurrikan der Kategorie 3 bei New Orleans auf die nordamerikanische Küste zu treffen. Mit Sachschäden in Höhe von 125 Milliarden Dollar sollte sich Hurrikan Katrina als die teuerste Naturkatastrophe der amerikanischen Geschichte erweisen – und, was den Verlust von Menschenleben angeht, als die verheerendste seit der Sturmflut am Lake Okechobee in Florida im Jahr 1928. Mehr als 1800 Menschen starben, etwa eine Viertelmillion verloren ihren Wohnsitz. Zwar waren die Medien voll von Aufnahmen eingestürzter Häuser, überschwemmter Straßenzüge und überfüllter Notunterkünfte, aber gerade auf jenen Bildern, die wohl am ehesten einen Eindruck vom Ausmaß der Katastrophe zu vermitteln vermochten, war von ihrer menschlichen Dimension nichts zu erkennen: Es waren die Satellitenaufnahmen von Katrina, welche zeigten, wie sich der gewaltige Spiralwirbel über den Golf von Mexiko wälzte, die sich dem kollektiven Gedächtnis am nachhaltigsten einprägen sollten.

Einige Wochen später – just als sich mit Hurrikan Rita ein weiterer Sturm zusammenbraute – zog Präsident George W. Bush in einer Rede Parallelen zwischen Katrina und dem 11. September. Die Naturkatastrophe sei ein weiterer Prüfstein für die Fähigkeit der Amerikaner, auch aus den größten Schwierigkeiten noch gestärkt hervorzugehen. Sie habe die große Wertschätzung deutlich gemacht, welche die Amerikaner dem menschlichen Leben entgegenbrächten. Und dies unterstreiche einmal mehr den Gegensatz zwischen ihnen und ihren Feinden:»Wir blicken auf die von Katrina angerichteten Zerstörungen und uns bricht das Herz. Die Terroristen sind Leute, die sich das ansehen und sich wünschen, sie hätten das getan. Wir befinden uns im Krieg gegen diese Leute. In einem Krieg gegen den Terror.«

Bushs Versuch, auch noch in dieser Situation die Diskussion auf den Terrorismus zurückzubiegen, fand jedoch meist höhnischen Widerhall. Die politische Kolumnistin Eleanor Clifton etwa kommentierte, Bush habe in seiner Hilflosigkeit nach dem vertrauten Thema gegriffen wie ein kleines Kind nach seiner »Schmusedecke« – einem Gegenstand, der den meisten Amerikanern durch die Figur des Linus aus den *Peanuts* wohlbekannt ist. Die Medien bevorzugten eine andere Deutung der Ereignisse; so schrieb Ross Gelbspan in einem Leitartikel für den *Boston Globe*:»Der Hurrikan, der am Montag auf Louisiana und Mississippi niedergegangen ist, hat vom Nationalen Wetterdienst den Namen Katrina erhalten. Sein richtiger Name ist globale Erwärmung.«

So durchsichtig Bushs Ablenkungsmanöver erscheinen musste, so besaß es doch eine gewisse Folgerichtigkeit. Schließlich sind globaler Terrorismus und globale Erwärmung konkurrierende Bedrohungsszenarien von eigentümlicher Symmetrie. Wie beim Terrorismus geht es auch im Fall des Klimawandels um Risiken von globaler und möglicherweise Existenz bedrohender Dimension, bei denen die Notwendigkeit politischen Handelns mit der unvermeidlichen Ungewissheit über das eigentliche Ausmaß der Bedrohung einhergeht. Vor diesem Hintergrund konnte Hurrikan Katrina für die Umweltbewegung in den USA eben das leisten, was der 11. September für die neokonservativen »Falken« getan hatte: Er illustrierte auf drastische

Weise die Gefahren, um deren Abwehr es fortan zu gehen habe, und diente als eindringliches Mahnmal, auf das man jederzeit verweisen konnte, um die eigenen politischen Forderungen plausibel zu machen. Wie schon der 11. September wurde auch Hurrikan Katrina zum Symbol eines Epochenbruches stilisiert, zum Inbegriff der neuen Realitäten, denen man sich nun zu stellen habe.

Dabei war die Rede von der globalen Erwärmung deutlich durch die Notwendigkeit geprägt, im Ringen um mediale Aufmerksamkeit gegenüber dem globalen Krieg gegen den Terror die Oberhand zu gewinnen. Im Verlauf der Bush-Präsidentschaft kristallisierte sich um den Begriff der globalen Erwärmung ein Komplex von Denkmustern heraus, die als grundlegende Alternative zur neokonservativen Weltsicht verstanden sein wollten. Man kann diesbezüglich von einer »Ideologie der globalen Erwärmung« sprechen, ebenso wie man auch von einer Ideologie des globalen Kriegs gegen den Terror sprechen kann. Damit, so muss betont werden, ist zunächst einmal nichts über die Wahrhaftigkeit der in Frage stehenden Bedrohungen gesagt. Der Begriff der Ideologie bezeichnet vielmehr einen spezifischen, nicht unbedingt gänzlich stimmigen Zusammenhang von rhetorischen und erzählerischen Strategien, Kategorien und Bildern, die bestimmen, wie in der Gesellschaft über ein bestimmtes Thema gesprochen wird.

Die Sprache des Kampfs gegen die globale Erwärmung weist auffällige Parallelen zur Sprache des Kriegs gegen den Terror auf. Letztere gab gewissermaßen das Anforderungsprofil vor, dem sich die Rede über die globale Erwärmung anpassen musste, um öffentliche Resonanz zu erzeugen. Beide kreisen daher um dieselben Fragen: Was müssten die USA tun, um ihren Bürgern eine sichere Zukunft zu garantieren? Welche Rolle sollte Amerika künftig in der weltpolitischen Ordnung spielen? Wie würde das Land seinen traditionellen Anspruch auf moralische Führung behaupten können? In der Ideologie der globalen Erwärmung geht es gleichermaßen um Fragen der nationalen Selbstbeschreibung wie um Umweltprobleme im eigentlichen Sinne. Wie schon der Krieg gegen den Terror wurde auch die »Klimakrise« als ein Moment der Entscheidung dargestellt, an dem es gelte, sich auf amerikanische Grundwerte zu besinnen und mit der unmittelbaren Vergangenheit zu brechen.

Historisch gesehen ist es üblich, dass ökologische Themen in den Begrifflichkeiten diskutiert werden, die der Öffentlichkeit aus den jeweils aktuellen weltpolitischen Konflikten vertraut sind. So schwangen der Kampf gegen den nationalsozialistischen Totalitarismus beziehungsweise die Angst vor kommunistischer Unterwanderung und nuklearer Verseuchung bereits in den Gründungstexten der modernen amerikanischen Umweltbewegung mit, wie zum Beispiel in Aldo Leopolds *Am Anfang war die Erde* (1949) und in Rachel Carsons *Der stumme Frühling* (1962). Was die Rhetorik der Umweltbewegung nach Katrina von diesen Fällen unterscheidet, ist vor allem der Umstand, dass die Orientierung an der Sprache des globalen Kriegs gegen den Terror mit einem weitaus größeren Maß an medienstrategischer Expertise verfolgt wurde. Ihren sinnfälligsten Ausdruck fand diese rhetorische Überblendung wohl auf dem Titelblatt des Wochenmagazins *Time* vom 28. April 2008. Neben der Zeile »Wie wir den Krieg gegen die globale Erwärmung gewinnen« war das Foto von der Aufrichtung der amerikanischen Flagge über der Pazifikinsel Iwo Jima zu sehen – eines der berühmtesten Bilder des Zweiten Weltkriegs und Sinnbild des Sieges über Japan. An die Stelle der Fahne war jedoch eine uramerikanische Douglas-Fichte montiert. Entsprechend schrieb Bryan Walsh im dazugehörigen Leitartikel mit Bezug auf die amerikanischen Nationalfarben, »Grün« sei »das neue Rot, Weiß und Blau«.

Will man die Entstehung dieses eigentümlichen »Umweltpatriotismus« verstehen, lohnt es sich, zunächst einmal die umweltpolitischen Entwicklungen in den Blick zu nehmen, die sich während Bushs erster Amtszeit vollzogen.

Eine dramatische Wendung erfolgte im März 2001, als der Präsident unmittelbar nach Amtsantritt verkündete, die USA würden sich aus den Verhandlungen zum Kyoto-Protokoll zurückziehen, da es die wirtschaftliche Entwicklung des Landes behindere, andere wichtige Verschmutzer wie Indien und China nicht in die Verantwortung genommen würden und zudem die wissenschaftlichen Grundlagen noch nicht hinreichend gesichert seien. Das Abkommen, in dem sich die wichtigsten Industriestaaten der Welt zu einer Reduktion ihres $CO_2$-Ausstoßes verpflichten sollten, war bereits 1997 unter maßgeblicher Beteiligung des damaligen Vizepräsidenten Al Gore ausgehandelt worden. Damals verweigerte der Senat seine Zustimmung, aber in der Zwischenzeit hatte die Mehrzahl der an den Verhandlungen beteiligten Staaten das Abkommen unterzeichnet. Diese veränderten Umstände hatten die Hoffnung genährt, die USA würden ihre Unterstützung nicht länger verweigern.

Die Umweltbewegung reagierte auf Bushs Entscheidung, das Kyoto-Protokoll zu verwerfen, mit Enttäuschung und Besorgnis. Im Mai 2001 verlautbarten wissenschaftliche Dachverbände aus sechzehn verschiedenen Ländern, von der britischen Royal Society bis zu Chinas Akademie der Wissenschaften, dass das Kyoto-Protokoll trotz all seiner Schwächen ein »wesentlicher erster Schritt« in die richtige Richtung sei, und forderten deshalb alle verantwortlichen Akteure dazu auf, es umzusetzen. Die öffentlichkeitswirksame Erklärung richtete sich unausgesprochen aber unmissverständlich an die amerikanische Regierung. Bush stellte zwar in Aussicht, man wolle sich um alternative Mechanismen zur Kontrolle der $CO_2$-Emissionen bemühen, ließ diesen Worten allerdings keine Taten folgen. Im Gegenteil: In den nächsten Jahren ließen sich verstärkt Klimaforscher vernehmen, die über Gängelung durch die amerikanische Regierung klagten. So erklärte James Hansen, einer der bekanntesten Klimatologen des Landes, im Oktober 2004: »Die Einmischung in den wissenschaftlichen Prozess und der Missbrauch der Ergebnisse haben ein Maß erreicht, wie ich es in meiner Laufbahn als Wissenschaftler noch nicht erlebt habe.«

Gleichzeitig verfestigte sich der Eindruck, die Regierung instrumentalisiere den Krieg gegen den Terror, um ihre innenpolitischen Gegner – darunter auch die Umweltbewegung – mundtot zu machen. Bereits im Februar 2002 hatte das FBI dem Kongress einen Bericht vorgelegt, in dem erstmalig radikale Umweltschutzgruppen als eine der wichtigsten terroristischen Bedrohungen aus dem Inland genannt wurden. Die »ökoterroristischen« Anschläge solcher Gruppen wie der *Earth Liberation Front* (Erdbefreiungsfront) und der *Animal Liberation Front* (Tierbefreiungsfront) hätten zwar noch keine Menschenleben gekostet und zielten hauptsächlich auf die Verursachung von Sachschäden ab. Der schlimmste Terrorakt, der in dem Bericht Erwähnung findet, war eine Brandstiftung in Colorado, bei der vier Skilifte, ein Restaurant, ein Picknick-Platz und ein Geräteschuppen im Gesamtwert von 12 Millionen US-Dollar zerstört wurden. Allerdings sei es eindeutig die Absicht dieser Gruppen, durch Einschüchterung den politischen Prozess zu manipulieren. Insofern seien sie als terroristische Vereinigungen einzustufen. Im Mai 2005 folgte ein weiterer FBI-Bericht an den Senat, der nicht nur die Einschätzung des früheren Berichts bekräftigte, sondern explizit auf die Schaffung neuer gesetzlicher Instrumente drängte, um Ökoterrorismus angemessen bekämpfen zu können. Ein Ergebnis dieser Anstrengungen war ein Gesetz vom September 2006, das nicht nur den Gebrauch, sondern schon die bloße Androhung von Gewalt gegen tierhaltende Unternehmen als terroristisch unter Strafe stellte. Obwohl sich diese Aktivitäten vorderhand nur gegen eine Handvoll radikaler Außenseiter richteten, fühlte sich die Umweltbewegung insgesamt unter Druck gesetzt. Ihre Vertreter warfen der Regierung nun gelegentlich vor, sie schüre eine »Green Scare« (Grüne Panik) in Analogie zu den als »Red

Scare« (Rote Panik) bekannten antikommunistischen Hetz-
kampagnen der 1920er und 1950er Jahre.

Wie sehr die Umweltschützer in die Defensive geraten
waren, verdeutlichte ein im Januar 2005 veröffentlichter Bericht des *Rates zum Schutz nationaler Ressourcen* (NRDC), einer der einflussreichsten nichtstaatlichen Umweltorganisationen in den USA. Während Bushs erster Amtszeit habe die
»gründlichste und destruktivste Kampagne gegen den Um-
weltschutz seit 40 Jahren« stattgefunden. Die Regierung
habe bestehende Kontrollmechanismen effektiv sabotiert,
die Verabschiedung neuer Gesetze verhindert und eine öffentliche Debatte über diese Schritte erfolgreich vermieden.
In einem kurz zuvor erschienenen Positionspapier diagnos-
tizierten die Medienexperten Ted Nordhaus und Michael
Shellenberger nichts Geringeres als den Tod der Umweltbewegung. Effektiver Widerstand gegen diese Entwicklungen
und eine ökologische Renaissance, mahnten die Autoren,
erforderten eine grundlegende strategische Neuorientierung: »Wenn wir Umweltschützer mehr als nur Vertreter
von Sonderinteressen sein wollen, dann müssen wir damit
anfangen, unsere Anliegen als Ausdruck amerikanischer
Grundwerte zu formulieren. Die Umweltbewegung muss
ihre Kraft aus der Schaffung von Mythen, ja sogar aus der
Religion schöpfen.«

Als Modell für ein solches Unterfangen verwiesen Nordhaus und Shellenberger auf die 2003 gegründete *Apollo Alliance*, einen Verbund von Umweltorganisationen, Firmen
und Gewerkschaften, dessen Ziel die unabhängige Versorgung der USA mit »sauberer« Energie ist – nicht nur um
des Klimas willen, sondern um die Energiekosten für amerikanische Haushalte zu senken, die Abhängigkeit des Landes von Erdölimporten zu beenden und zukunftsfähige
Arbeitsplätze zu schaffen. Mit ihrem Namen nimmt die In-
teressenkoalition auf das amerikanische Mondlandungspro-
gramm Bezug; als Motto dient ihr John F. Kennedys be-
rühmte Begründung dieser Mission: »Wir haben uns ent-

schlossen, auf den Mond zu fliegen, nicht obwohl, sondern weil es schwierig ist, weil dieses Ziel uns dazu anspornen wird, unsere besten Impulse und Fähigkeiten ganz auszuschöpfen, weil wir uns dieser Herausforderung stellen wollen, weil wir sie nicht aufschieben wollen, und weil wir beabsichtigen, ihr gerecht zu werden.« Die *Apollo Alliance* stellte mithin einen bewussten Versuch dar, umweltpolitische Ziele patriotisch aufzuladen: Sie präsentierte die Entwicklung erneuerbarer Energien als Gegenstand einer großen nationalen Anstrengung, durch welche die USA ihren Optimismus und ihre moralische Führungskraft zurückgewinnen könnten – Eigenschaften, die im Bewusstsein der Amerikaner gerade durch Kennedy verkörpert werden.

Der publikumswirksamste Versuch, Umweltpolitik mit nationalen Mythen zu unterfüttern, gelang indessen Roland Emmerich mit *The Day After Tomorrow*. Dass Emmerich ein Regisseur ist, der ganz genau weiß, wie man effektiv an amerikanische Grundwerte appelliert, hatte er in seinen früheren Filmen wie *Independence Day* und *Der Patriot* bereits unter Beweis gestellt. *The Day After Tomorrow* kam Ende Mai 2004 ins Kino, rechtzeitig zum *Memorial Day*-Wochenende, an dem die USA ihrer gefallenen Soldaten gedenken. Mit seinem Katastrophenfilm lieferte Emmerich die kassenschlagertaugliche Version jener Synthese von Patriotismus und Umweltbewusstsein, auf welche auch die *Apollo Alliance* abzielt.

Protagonist des Filmes ist der Klimatologe Jack Hall, der für die nationale Wetter- und Ozeanografiebehörde (NOAA) arbeitet. Zu Beginn befindet er sich auf einer Forschungsstation in der Antarktis, über der stolz die amerikanische Flagge weht. Dort beobachtet er, wie ein gewaltiges Eisschelf abbricht. Bei einer UN-Konferenz zum Klimawandel warnt er davor, dass der durch das Abschmelzen der Polkappen ausgelöste Zustrom kalten Wassers den Golfstrom zum Erliegen bringen und eine neue Eiszeit auslösen könnte. Der amerikanische Vize-Präsident Raymond Becker, dessen Darstellung unmissverständlich auf Dick Cheney anspielt, macht sich über den Klimatologen lustig und bekräftigt die amerikanische Ablehnung des Kyoto-Protokolls. Anschließend wird Hall von seinem Vorgesetzten gewarnt, sein bestimmtes Auftreten gegenüber Becker könne die Forschungsgruppe die Finanzierung kosten. Erwartungsgemäß kommt es schließlich nicht nur so, wie Jack Hall es vorausgesehen hat, sondern noch viel schlimmer – Emmerich nimmt sich jede erdenkliche Freiheit mit den wissenschaftlichen Grundlagen seines Drehbuchs und wagt sich bis an die äußersten Grenzen der Albernheit, um der Katastrophe ein Maximum an filmischer Dramatik abzumelken. So besteht der Film denn auch hauptsächlich aus Szenen, in denen die Hauptfiguren Wasserfluten, einstürzenden Gebäuden, aus dem Zoo entlaufenen Wölfen und blitzartiger Vereisung nur knapp entkommen. Nachdem die USA zum größten Teil unbewohnbar geworden sind, bittet ein reumütiger Raymond Becker – nun zum Präsident aufgerückt – die mexikanische Regierung, den amerikanischen Flüchtlingen Asyl zu gewähren. Doch endet der Film auf einer erhebenden Note: Die Kamera fährt über die Freiheitsstatue, die aus der Eiswüste ragt; Hubschrauber fliegen über die Dächer der Wolkenkratzer New Yorks, von denen hunderte Überlebende winken; ein russischer Raumfahrer blickt aus dem All auf den vereisten Kontinent hinab, der wolkenlos unter ihm liegt. Damit der kathartische Effekt dieses Moments dem Publikum auch ja nicht entgeht, sagt er zu seinem amerikanischen Kollegen: »Die Luft war noch nie so klar.«

Schon die Tatsache, dass Emmerich die Gelegenheit nutzte, um nach mehrjähriger Abstinenz endlich wieder einmal die Zerstörung amerikanischer Großstädte auf die Leinwand zu bringen, macht deutlich, dass er sich mit diesem Film implizit in Konkurrenz zur offiziellen Ideologie des globalen Krieges gegen den Terror setzte. Denn nach dem 11. September hatte sich Hollywood eine Auszeit von solcherlei Szenen verordnet. Die Bedrohung durch den Klimawandel jedoch, auf die der Film aufmerksam machen will, sei – so musste man dies verstehen – ernst genug, dass man den Vorwurf der Frivolität (der natürlich prompt erhoben wurde) nicht mehr zu fürchten brauche; die Fixierung auf den Terrorismus habe Amerika lange genug anderen Gefahren gegenüber blind gemacht. Die nicht eben subtile Kritik an der Regierung, welche der Film übt, wird aber letztlich von der optimistischen, patriotischen Botschaft überwogen. Emmerich inszeniert die Klimakatastrophe als Epochenbruch nach dem Modell des 11. September: Die dramatischen Ereignisse zwingen die Figuren dazu, aus dem Traum der eigenen Unverwundbarkeit zu erwachen und sich der gefahrvollen neuen Realität zu stellen; der Überlebenskampf schwört sie erneut auf die Werte ein, die durch die Freiheitsstatue symbolisiert werden. Am Ende des Filmes steht eine zwar zahlenmäßig dezimierte, aber durch die gemeinsame Aufgabe geeinte amerikanische Nation.

Innerhalb der Umweltbewegung wurde *The Day After Tomorrow* durchaus kontrovers diskutiert. Während zahlreiche Stimmen den Film begrüßten, da er dem Thema die dringend benötigte Aufmerksamkeit verschaffe, hörte man auch vereinzelte Klagen, Emmerich habe ein ernstes Thema zum bloßen Popcorn-Spektakel herabgewürdigt. Die Regierung nahm den Film immerhin ernst genug, dass sie den Angestellten der NASA verbot, sich öffentlich dazu zu äußern – eine Anordnung, die nach ihrem Bekanntwerden schnell wieder zurückgezogen wurde. Kritiker von der rechten Seite des politischen Spektrums waren erwartungsgemäß erbost. In einem für diese Reaktionen repräsentativen Leitartikel in der populären Tageszeitung *USA Today* schrieb Patrick J. Michaels, der Film sei »Propaganda, die darauf abzielt, die Klimapolitik dieser Nation zu beeinflussen«. Die Rede von der globalen Erwärmung entbehre jeglicher wissenschaftlicher Grundlage und sei nichts als liberale Panikmache: »Es ist nicht das erste Mal, dass Hollywood versucht, den Leuten seine Ideen einzubläuen, indem es ihnen Angst einjagt.«

In eben diese Kerbe schlägt denn auch Michael Crichtons Thriller *Welt in Angst*, mit dem sich im Herbst 2004 nach Roland Emmerich ein weiterer Gigant der amerikanischen Unterhaltungsindustrie in die Debatte um den Klimawandel einschaltete. In diesem Roman entwickelt Crichton aus den bereits erwähnten Warnungen des FBI ein verblüffendes Szenario, in dem die globale Erwärmung von Ökoterroristen inszeniert wird. Die Handlung dreht sich um eine Verschwörung: Der Leiter von NERF, dem *National Environmental Resource Fund* – der Name spielt auf den *Rat zum Schutz nationaler Ressourcen* an – hat eine Gruppe von Terroristen angeheuert, um rund um die Welt eine Serie von spektakulären Naturkatastrophen auszulösen. Diese sollen die Öffentlichkeit von der Realität des Klimawandels überzeugen und so den weiteren Fluss von Sponsorengeldern an seine Organisation sicherstellen. Hauptfigur des Romans ist Peter Evans, Rechtsanwalt eines der wichtigsten Geldgeber von NERF, der in die Ermittlungen gegen die Organisation hineingezogen wird. In einem rasenden Wettlauf gegen die Zeit gelingt es, die geplanten Anschläge im letzten Moment zu vereiteln.

*Welt in Angst* ist ein neokonservativer Thesenroman. Immer wieder wird der rasche Handlungsfluss von längeren Passagen unterbrochen, in denen die eine oder andere Figur wissenschaftliche Argumente gegen die Theorie der globalen Erwärmung darlegt (die durch Fußnoten und eine umfangreiche Bibliographie am Ende des Romans gestützt werden) und die eitle Selbstgewissheit ihrer Vertreter ins Lächerliche zieht. Die Umweltschützer im Roman sind entweder zynische Rechtsanwälte oder reiche Prominente, die anderen Leuten vorschreiben wollen, welche Autos sie fahren dürfen, während sie selbst in ihren Privatflugzeugen, Weißwein nippend und Räucherlachs-Canapés verspeisend, von einer Wohltätigkeitsveranstaltung zur nächsten jetten. Zu Beginn der Handlung gehört auch Peter Evans zu dieser Clique. Er ist ein typischer Linker, der die von den Medien verbreiteten Vorstellungen zur globalen Erwärmung für bare Münze nimmt, eine Vorliebe für europäische Kultur affektiert und eine instinktive Abneigung gegen jegliche Form von Gewaltanwendung hegt.

All dies beginnt sich zu ändern, als Evans mit den harten Realitäten des Ökoterrorismus konfrontiert wird. Sein Moment des Erwachens kommt nach etwa der Hälfte des Buches: »Wenn jemand dich zu töten versucht, hast du nicht die Wahl, deine Augen abzuwenden oder das Thema zu wechseln. Du musst dich mit dem Verhalten dieser Person auseinandersetzen. Diese Erfahrung führte zu einem Verlust gewisser Illusionen. Die Welt ist nicht so, wie du willst, dass sie ist. Die Welt ist so wie sie ist. Es gibt böse Menschen auf der Welt. Sie müssen aufgehalten werden.« Die Passage spielt ein zentrales Erzählmuster der Ideologie des Krieges gegen den Terror durch: Die Konfrontation mit dem Terrorismus wird als ein Erweckungserlebnis aufgefasst. Sie zwingt die Menschen dazu, mit der eigenen Vergangenheit zu brechen und überkommene Gewissheiten über Bord zu werfen, bietet aber deshalb auch die Gelegenheit, sich selbst neu zu erfinden, moralische Stärke zu beweisen und so zu uramerikanischen Werten zurückzufinden.

Zum Zeitpunkt der Veröffentlichung von Crichtons Roman hatte der tragische Verlauf des Irakkrieges der Idee einer Neugeburt der Nation aus der Krise jedoch bereits viel von seiner Überzeugungskraft genommen – allerdings nur in Bezug auf den Krieg gegen den Terror. In der Rede von der globalen Erwärmung begann das Erzählmuster erst jetzt, seine volle Wirkung zu entfalten, wie der Erfolg eines Filmes deutlich macht, der auf das Erweckungserlebnis bereits im Titel anspielt: Davis Guggenheims *Eine unbequeme Wahrheit*, der im Frühjahr 2006 in die amerikanischen Kinos kam. Der Film verleiht der Ideologie der globalen Erwärmung, die sich als Gegenentwurf zur Politik George

W. Bushs formierte, auf mustergültige Weise Ausdruck.
Im Mittelpunkt des Filmes steht Al Gore, also eben jener
Mann, der sich wie kein anderer amerikanischer Politiker
mit dem Thema der globalen Erwärmung identifiziert hatte und dessen knappe Wahlniederlage Bush den Weg ins
Weiße Haus geebnet hatte. Bald danach begann Gore, mit
einer Vortragsreihe über die globale Erwärmung um die
Welt zu touren. *Eine unbequeme Wahrheit* bezieht nicht nur seinen Titel von dieser Vortragsreihe. Tatsächlich besteht der
Film zu wesentlichen Teilen aus Gores Präsentation, er-
gänzt um biografische Passagen, welche seinem umweltpolitischen Engagement eine persönliche Dimension verleihen sollen.

Die zentrale Rolle, die Hurrikan Katrina für die Argumentation des Films spielt, lässt sich schon am Filmplakat
ablesen: Aus einem Fabrikschlot steigt ein Wolkenwirbel auf,
wie man ihn von den Satellitenbildern der Naturkatastrophe kannte. Katrinas Auftritt im Film selbst kommt nach
etwa einem Drittel der Laufzeit. Nachdem Gore detailliert
dargelegt hat, wie die globale Erwärmung zur Bildung von
besonders schweren Stürmen beiträgt, werden für über eine
Minute Nachrichtenbilder aus dem Katastrophengebiet gezeigt. Die Sequenz schließt mit der Skyline von New Orleans, von der eine gewaltige Rauchsäule aufsteigt; dazu der
beinahe geflüsterte Begleitkommentar von Al Gore: »Etwas
Neues für Amerika. Wie in Gottes Namen konnte das passieren – hier?« Ein späterer Abschnitt, welcher die Folgen
des Abschmelzens der Polkappen darstellt, macht die Paral-
lele zum 11. September dann explizit: Nach Bildern von
Beijing, Shanghai und Kalkutta wird eine Luftaufnahme
von Manhattan gezeigt, auf der die Gedenkstätte für das
World Trade Center markiert ist. Während tintenschwarze
Fluten im Zeitraffer die halbe Insel verschlucken, hört man
die Stimme Al Gores: »Nach den schrecklichen Ereignissen
vom 11. September haben wir gesagt: nie wieder. Aber jetzt
schauen Sie, was mit Manhattan passieren würde. Ist es mög-

lich, dass wir uns auch gegen andere Bedrohungen als nur den Terrorismus wappnen sollten?"

Gore legt hier einerseits nahe, dass nicht der Terrorismus, sondern vielmehr die Klimakrise die zentrale Bedrohung unserer Tage sei. Andererseits bedient er sich dabei eben jenes vertrauten Erzählmusters, mit dem sich die Amerikaner den 11. September begreiflich gemacht hatten: Hurrikan Katrina soll als ein epochaler Bruch aufgefasst werden, der alte Weltbilder aus den Angeln hebt und eine fundamentale Neuordnung der nationalen Prioritäten notwendig macht. Und wie schon Bush nach dem 11. September, so greift auch Gore die Bedrohung durch den Faschismus und den Heroismus der Weltkriegsgeneration auf, um die historische Dimension der Herausforderung zu verdeutlichen. So beschließt er die Sequenz über Hurrikan Katrina mit einem Zitat Winston Churchills: »Die Zeit des Zauderns, der halbherzigen Maßnahmen, der besänftigenden und ablenkenden Notbehelfe, der Verzögerungen, neigt sich ihrem Ende zu. An ihrer Stelle treten wir ein in eine Zeit der Konsequenzen.«

*Eine unbequeme Wahrheit* wurde im Februar 2007 mit dem Oscar für den besten Dokumentarfilm geehrt; im Herbst desselben Jahres erhielt Al Gore – gemeinsam mit dem Weltklimarat – für seine Aufklärungsarbeit den Friedenspreis der Nobel-Stiftung. Ein womöglich noch besserer Indikator für das Maß an medialer Aufmerksamkeit, welches das Thema in Amerika inzwischen genoss, ist die Tatsache, dass sich nun mit dem Kolumnisten Thomas Friedman einer der wichtigsten Meinungsmacher der USA des Themas annahm. In einem ausführlichen Leitartikel in der *New York Times* vom 15. April 2007 verkündete Friedman: »Wir müssen einen Weg finden, Amerikas innere Zerrissenheit zu überwinden, unsere Außenbeziehungen zu reparieren und dem Land seinen natürlichen Platz in der Weltordnung zurückzuerobern – als Leuchtturm des Fortschritts, der Hoffnung und der Inspiration. Ich habe eine Idee, wie wir das schaffen können. Sie heißt *Grün*.« Durch die massive Förderung erneuerbarer

Energien könnten die USA gleich mehrere Fliegen mit einer Klappe schlagen: die außenpolitisch verhängnisvolle Abhängigkeit von Erdölimporten reduzieren (und damit auch die Gefahr durch den internationalen Terrorismus), zukunftssichere Arbeitsplätze schaffen und die schlimmsten Folgen der globalen Erwärmung verhindern. Inhaltlich war dies das Programm der bereits erwähnten *Apollo Alliance* – aber Friedman, dessen Bekanntheit nicht zuletzt auf seiner Meisterschaft im Umettikettieren anderer Leute Ideen beruht, beeilte sich, dafür einen neuen Begriff zu prägen, der die geostrategische Kaltschnäuzigkeit dieser »breiteren, muskulöseren grünen Ideologie« betonen sollte: »Geo-Grün«.

Friedmans Wortschöpfung verschwand allerdings schon sehr bald in der Mottenkiste. Das Jahr 2007 markierte bereits den Höhepunkt der Aufmerksamkeit für die Ideologie der globalen Erwärmung. Denn nach dem Ausbruch der Finanzkrise im Sommer 2008 verschoben sich die Prioritäten. Trotzdem schien mit der Wahl Obamas zunächst der Moment gekommen, um neue umweltpolitischen Strategien umzusetzen. Die Berufung des Umweltaktivisten Van Jones, der in der Direktion der *Apollo Alliance* tätig gewesen war, zum Sonderbeauftragten für »grüne« Arbeitsbeitsplätze im März 2009 deutete in diese Richtung. Allerdings musste Jones bereits im Herbst desselben Jahres zurücktreten, nachdem verbale Entgleisungen und angebliche Verbindungen zu marxistischen Gruppen ihn zum Gegenstand heftiger Kontroversen gemacht hatten. Obama selbst verbrauchte sein politisches Kapital für die Durchsetzung einer allgemeinen Krankenversicherung und der Finanzreform. Die Chance, die gleich zu Anfang seiner Amtszeit verabschiedeten großen Konjunkturprogramme zum Grundstein eines »grünen *New Deal*« (in Anlehnung an die Reformen Franklin D. Roosevelts) zu machen, wie Jones vorgeschlagen hatte, verstrich ungenutzt. Von den zu Amtsantritt angekündigten Gesetzen zur Begrenzung der $CO_2$-Emissionen ist kaum mehr die Rede.

Der Umweltpatriotismus, wie er in *The Day After Tomorrow* und *Eine unbequeme Wahrheit* exemplarischen Ausdruck fand, mag ein probates Mittel in der ideologischen Auseinandersetzung mit der Bush-Regierung gewesen sein – aus heutiger Sicht wird aber klar, dass er keine grundlegende Neuorientierung in der amerikanischen Umweltpolitik bewirken konnte. Ein wichtiger Grund hierfür liegt in der Tatsache, dass die Versuche, die Bedrohung durch den Klimawandel nach dem Modell des 11. September aufzufassen, dem Gegenstand letztlich unangemessen waren. Noch weniger als die Terroranschläge von 2001 lassen sich Naturkatastrophen wie Hurrikan Katrina auf sinnvolle Weise in das erzählerische Korsett epochaler Brüche und dramatischer Erweckungserlebnisse pressen. Mag das Tempo des globalen Klimawandels nach erdgeschichtlichen Maßstäben auch atemberaubend sein, so vollzieht sich dieser Wandel doch zu langsam, als dass es der menschlichen Wahrnehmung ohne Weiteres möglich wäre, seine Signale aus dem weltgeschichtlichen Hintergrundrauschen herauszufiltern. Die komplexen kausalen Zusammenhänge zwischen dem Klimawandel und lokalen Wetterereignissen waren nach Katrina keineswegs deutlicher als vorher.

Sowohl die Umstände, die zum 11. September führten, als auch die Veränderungen, die sich in den USA im Anschluss daran vollzogen, waren in der politischen und gesellschaftlichen Situation des vorangegangenen Jahrzehnts längst angelegt. Ganz Ähnliches lässt sich wohl über Hurrikan Katrina sagen – mit dem entscheidenden Unterschied, dass der langfristige gesellschaftliche Wandel, den der globale Klimawandel voraussichtlich erfordern wird, gerade erst begonnen hat.

*Hannes Bergthaller*

## ZUM WEITERLESEN

Bergthaller, Hannes. *Populäre Ökologie: Zu Literatur und Geschichte der modernen Umweltbewegung in den USA.* Frankfurt/Main: Peter Lang, 2007.

Crichton, Michael. *Welt in Angst.* München: Goldmann, 2008.

Friedman, Thomas L. *Was zu tun ist: Eine Agenda für das 21. Jahrhundert.* Frankfurt/Main: Suhrkamp, 2009.

Gore, Al. *Eine unbequeme Wahrheit: Die drohende Klimakatastrophe und was wir dagegen tun können* München: Riemann, 2006.

Speth, James Gustave. *Wir ernten was wir säen: Die USA und die globale Umweltkrise.* München: C.H. Beck, 2005.

UMWELT

**47**

**KUNST** Die »Falling Man« betitelte Aufnahme des Fotografen Richard Drew ist eines der bekanntesten und umstrittensten Bilder zum 11. September. Es zeigt einen der vielen Menschen, die nach den Flugzeugeinschlägen aus dem World Trade Center sprangen, um nicht zu ersticken oder zu verbrennen. Es ist eines von zwölf Bildern, die Drew von dem fallenden Mann machte; nur in diesem verläuft der Sturz parallel zur Gebäudestruktur. Der Fall des Mannes erscheint hier nicht als verzweifelter Sprung in den Tod, und von Flammen und Zerstörung ist nichts zu sehen. Im Gegenteil: Der Sprung wirkt choreographiert, er ist von einer Grazie, die an einen Turmspringer erinnert. Harmonisch wird der Körper des Mannes von der Lamellenstruktur des World Trade Centers eingerahmt, man möchte fast sagen: gehalten.

Das Bild erschien weltweit in der Presse, wurde aber in einem seltenen Akt der Selbstzensur von vielen Medien schnell wieder zurückgezogen, nachdem es heftige Proteste gab: Das Foto, so der Vorwurf, sei voyeuristisch und seine Veröffentlichung daher unangemessen und unmoralisch, es beute das Schicksal eines einzelnen Opfers der Anschläge massenmedial und pietätlos aus. Unter den Millionen äußerst spektakulärer Bilder, die am 11. September entstanden, war es also gerade dasjenige des »Falling Man«, das eine öffentliche Diskussion darüber auslöste, ob und wie die Ereignisse dieses Tages dargestellt werden könnten und dürften. Insbesondere ging es um die Frage, ob solche Darstellungen des Schreckens »schön« sein dürfen. Denn das Pressebild wurde nicht primär als Dokumentarfoto aufgefasst, sondern als eines, welches das Schicksal des Mannes stellvertretend für die unvorstellbar schrecklichen Ereignisse des 11. September ästhetisiert, also zu Kunst macht. Während die Informationsmedien den »Falling Man« nicht mehr zeigten, wurde das Bild zu einem zentralen Ausgangspunkt für ästhetische Auseinandersetzungen mit dem 11. September. Art Spiegelman verfremdete es für seinen Comic *In the Shadow of No Towers* (Im Schatten keiner Türme), in Don DeLillos Roman *Falling Man* ist es Titel und Leitmotiv, und Tom Junod kommentierte es in einem gleichnamigen Essay.

Die heftige Kritik an der Veröffentlichung der Bilder des »Falling Man« überrascht nicht. Solche Reaktionen sind immer wieder zu beobachten, wenn ungewöhnlich schreckliche Ereignisse historischen Ausmaßes verarbeitet werden müssen: Da solche Ereignisse zunächst unfassbar zu sein und aus jeglichem Sinnzusammenhang heraus zu fallen scheinen, wird angezweifelt, dass sie überhaupt angemessen in Bild, Literatur, Film, Musik oder anderen Medien dargestellt werden können. Da es sich um ein einzigartiges Ereignis handelt, so die Argumentation, verfügt die Kunst nicht über die Möglichkeiten, dieses angemessen abzubilden. Da aber künstlerischen Darstellungen für die kollektive Verarbeitung des Schreckens unabdingbar seien, müsse die Kunst mit ihren bisherigen Konventionen brechen und nach neuen Darstellungskonventionen suchen, die es ihr erlauben, dem schrecklichen Ereignis, wenn nicht Genüge zu tun, so doch wenigstens besser gerecht zu werden. Dies ist übrigens auch die Forderung, die sich hinter Theodor W. Adornos viel zitiertem – und fast ebenso häufig missverstandenem – Diktum verbirgt, nach Auschwitz noch ein Gedicht zu schreiben, sei barbarisch. Diese Aussage ist, das hat Adorno immer wieder selbst betont, keine Absage an die Kunst gewesen, sondern die Aufforderung, nach angemessenen künstlerischen Formen zu suchen.

Doch hat sich die Kunst nach 9/11 wirklich verändert? Weist sie völlig neue Formen auf und behandelt zuvor nicht da gewesene Themen? Markiert der 11. September 2001 womöglich das Ende der Postmoderne, wie immer wieder behauptet wurde? Gegen diese Idee einer fundamentalen Zäsur spricht bereits die Tatsache, dass Künstler jedweder Couleur nach den Anschlägen nicht etwa in vorübergehendes Schweigen verfielen, um nach neuen Darstellungskonventionen zu suchen. Im Gegenteil: Die künstlerische Verarbeitung der Ereignisse, die bis heute andauert, war schnell und vielfältig. Bereits um 9:41 Uhr, achtzehn Minuten bevor der Südturm des World Trade Centers in sich zusammenstürzte und bevor die Ausmaße und Hintergründe der Katastrophe zu erahnen waren, machte Drew die Bilder des Toningenieurs Jonathan Briley, der in den Tod sprang, um den Moment seines Sterbens selbst bestimmen zu können – die Bilder eines grazilen Tänzers vor der Kulisse des Nordturmes. Die ästhetische Verarbeitung des Ereignisses hatte begonnen.

Wenig später meldeten sich namhafte Autorinnen und Autoren wie Tony Kushner, Paul Auster oder Siri Hustvedt zum Thema 9/11 zu Wort; Verlage wie Marvel oder DC veröffentlichten Comics mit Titeln wie *A Moment of Silence* (Ein Moment des Schweigens), *Heroes* (Helden) oder *Artists Respond* (Künstler antworten), deren Erlös wohltätigen Zwecken zugute kam. In Tageszeitungen, Zeitschriften und im Internet wurden zahlreiche Gedichte, zum Beispiel Amiri Barakas »Somebody Blew Up America« (»Jemand hat Amerika in die Luft gejagt«) veröffentlicht. Viele dieser Gedichte wurden später in Dennis Johnsons Anthologie *Poetry After 9/11* (Lyrik nach 9/11) nochmals abgedruckt. In ähnlicher Manier versammelt Ulrich Baers Kurzgeschichtensammlung *110 Stories* einige der Prosatexte, die in den Wochen und Monaten nach den Anschlägen entstanden. Mit etwas größerem zeitlichen Abstand folgten mit Anne Nelsons *The Guys* (Die Typen) und Neil LaButes *Mercy Seat* (Gnadenstuhl) die ersten Theaterstücke zum Thema; und mit Oliver Stones *World Trade Center* und Paul Greengrass' *United 93* begann die filmische Aufarbeitung.

Aber nicht nur die schnell zusammengekommene schiere Masse, auch die Ästhetik einzelner Werke spricht eindeutig gegen die These, 9/11 stelle einen fundamentalen Einschnitt dar. So haben etablierte Autoren wie John Updike und Don DeLillo nach den Anschlägen Romane veröffentlicht, die formal denjenigen sehr ähnlich sind, mit denen sie Jahrzehnte zuvor bekannt wurden. Aber auch die formal innovativeren Texte beschreiten neue Wege nicht als Antwort auf 9/11. Dies lässt sich gut an Jonathan Safran Foers *Extrem Laut und Unglaublich Nah* (2004) zeigen, einer der anspruchvollsten Auseinandersetzungen mit dem 11. September und seinen Folgen. Foers Roman – an dessen Ende die Fotoserie eines aus dem World Trade Center fallenden Menschen, eines »falling man«, in umgekehrter Reihenfolge als Daumenkino integriert ist – gilt vielen Kritikern als Beispiel für eine Literatur, die sich nicht mehr als postmodern bezeichnen lässt, und für die etwas umständliche Begriffe wie »Neorealismus« oder »Postpostmodernismus« vorgeschlagen wurden. Und es stimmt: *Extrem Laut und Unglaublich Nah* unterscheidet sich deutlich von den postmodernen Texten eines Thomas Pynchon oder Don DeLillo. Doch das liegt nicht an 9/11. Der Versuch, die Postmoderne und deren ästhetische Prinzipien hinter sich zu lassen, beschäftigt einen Teil der amerikanischen Literaten – zum Beispiel David Eggers und David Foster Wallace – bereits seit den 1990er Jahren. Als gelungenstes Beispiel für eine neue Art von Literatur gilt gemeinhin Foers erster Roman *Alles ist erleuchtet*, der 2002 veröffentlicht, aber vor dem 11. September 2001 geschrieben wurde. In *Extrem Laut und Unglaublich Nah* setzt Foer also nur fort, was er und andere Jahre vorher begonnen hatten. 9/11 hat dieser neuen Strömung der amerikanischen Literatur lediglich zu schnellerer und größerer Sichtbarkeit verholfen.

Wie aber verhalten sich die künstlerischen Verarbeitungen des 11. September – unabhängig vom Grade ihrer eigenen formalen Innovation – zu der weit verbreiteten These, 9/11 habe vielleicht nicht die Kunst, aber doch die amerikanische Gesellschaft grundlegend verändert? Etwas verallgemeinernd lässt sich festhalten, dass sich in Werken der so genannten »Hochkultur« kein Beleg für eine solche Veränderung der Gesellschaft findet. Beispielhaft sei hier auf Art Spiegelmans intellektuell und ästhetisch hoch anspruchsvollen Comic *In the Shadow of No Towers* (Im Schatten keiner Türme) verwiesen, in welchem der Autor selbst als Comicfigur auftritt – wie bereits in seiner berühmten Comic-Familiengeschichte *Maus*, in der er die Auschwitz-Erfahrungen seines Vaters und die Auswirkungen auf seine eigene Generation verarbeitet. In Gestalt dieser Comicfigur wird der Autor selbst zum »Falling Man«; der Text zum Bild spricht von seinem »grazilen olympischen Sprung« aus dem Word Trade Center und thematisiert so dasjenige Element, das an Drews Bild so verstörte: seine Schönheit, die den Schrecken des Ereignisses unsichtbar machte. Spiegelman ironisiert nun das Drewsche Bild, indem er seine Figur verdattert am Boden landen lässt, und zwar augenscheinlich verarmt und obdachlos. Der Text dazu lautet, beißend und gegenüber den tatsächlich in den Türmen umgekommenen Menschen recht pietätlos: »In der Zeit der ökonomischen Verwerfungen, die diesem Tag folgte, sah er *jede Menge* Menschen auf den Straßen von Manhattan landen.« Spiegelman relativiert hier die menschliche Katastrophe des 11. September und legt nahe, dass Armut eine größere Bedrohung für die amerikanische Gesellschaft darstellt als der islamistische Terror.

In einer anderen Sequenz macht *In the Shadow of No Towers* die Kontinuität politischer und gesellschaftlicher Realitäten nach dem 11. September noch deutlicher. Das erste Bild zeigt eine »ganz normale« amerikanische Familie der Unterschicht, die vor ihrem Fernsehgerät döst. Ein Kalenderblatt hinter ihnen zeigt das Datum: »Sept. 10«. Das zweite Bild zeigt eben jene Familie am 11. September und ihre Reaktion auf die Fernsehbilder: sie sind aus ihrem Schlaf aufgeschreckt und die Haare stehen ihnen – ebenso wie groteskerweise ihrer Katze – zu Berge. Das dritte und letzte Bild zeigt die Familie ein drittes Mal vor ihrem Fernseher. Wie auf dem ersten Bild döst sie wieder lethargisch vor sich hin, allein die Haare bleiben ihnen zu Berge stehen. Um welches Datum es sich genau handelt, ist unklar, denn hinter ihrem Sofa hängt nun statt des Kalenders eine Amerikaflagge. Mit dieser bitterbösen Satire auf die Lethargie seiner Mitmenschen drückt Spiegelman aus, dass sich mit 9/11 wirklich gar nichts geändert hat: vorher wie nachher ist die Familie passiv und apolitisch, vorher wie nachher lässt sie sich von Fernsehbildern einlullen.

Im Gegensatz zu einem Stereotyp, das von vielen anderen Filmen und Comics bedient wird, stürzt die Familie, als sie aus dem Fernsehen von den Anschlägen erfährt, nicht nach draußen, sondern bleibt sogar vor dem Fernseher sitzen. Nach ihrem kurzen Hochschrecken haben sich aber doch zwei Dinge verändert: die Haare der Familie bleiben in der Höhe stehen und signalisieren Alarmbereitschaft – die Bevölkerung ist in eine hysterische Grundstimmung geraten, ohne jedoch irgend etwas anders zu machen als zuvor; und die Flagge verdeckt den Kalender – ein unreflektierter Patriotismus, der zeithistorisches Bewusstsein überdeckt, hat Einzug gehalten. Spiegelmans Kritik am nahezu verpflichtenden Hissen und Tragen der amerikanischen Flagge nach dem 11. September, das im Kapitel zu Patriotismus genauer beleuchtet wird, ist unübersehbar. Wenn sich mit 9/11 überhaupt etwas geändert hat, dann, wie aus Spiegelmans Vorwort zu schließen, dass sich die Bevölkerung in ihrem diffusen Gefühl von Hysterie und Patriotismus nun noch einfacher von der »Bush-Propaganda« beeinflussen lässt, als sie dies aufgrund ihrer vollkommenen Lethargie ohnehin getan hätte.

Der These von der Zäsur wird aber auch durch Werke der Populärkultur eine Absage erteilt – und zwar vor allem durch solche, die sich nicht explizit auf die Anschläge beziehen und es bei gelegentlichen Anspielungen belassen, in denen der 11. September aber immer präsent ist, weil es um Themen geht, die eng mit 9/11 verbunden sind. Ein Blick auf diese Werke – im Folgenden soll es um Filme und Fernsehserien gehen – und ihre während der 1990er Jahre entstandenen Vorbilder zeigt, dass zentrale Themen der Zeit seit 2001 wie Terrorismus, Bedrohung, Traumatisierung oder Paranoia schon während der vorherigen Dekade von großer Wichtigkeit für die Kunst waren.

Das vielleicht wirkmächtigste und aussagekräftigste Beispiel für diese thematische Kontinuität ist die für ihre formale Innovation gerühmte Fernseh-Serie *24*. Sie zeigt die Arbeit des Agenten Jack Bauer für die fiktive Anti-Terror-Einheit CTU (Counter Terrorist Unit). Die Serie wurde zwischen November 2001 und Mai 2010 ausgestrahlt und umfasst insgesamt acht Staffeln und 192 Episoden. Die formale Innovation besteht darin, dass jede Staffel einen Tag im Leben des Jack Bauer behandelt und dass jede der 24 Episoden jeder Staffel genau eine Stunde dauert und in Echtzeit abläuft. Obwohl die Hauptfigur und die Handlungsstränge über die acht Staffeln hinweg verschiedenen Änderungen unterworfen sind – manchmal arbeitet Bauer offiziell für die CTU, manchmal undercover oder gänzlich illegal, ab und an in Los Angeles, einmal auch in Mexiko – ist durchweg eine relativ einheitliche Erzähl- und Konfliktstruktur erkennbar. Fast ohne Ausnahme wird Bauer mit einer unmittelbar bevorstehenden terroristischen Bedrohung von enormem Ausmaß konfrontiert. Um diese abzuwenden, muss er unter großem Zeitdruck moralisch anspruchsvolle Entscheidungen treffen, die regelmäßig gesetzeswidrige Handlungen mit teils weitreichenden – auch persönlichen – Konsequenzen nach sich ziehen. Bemerkenswert ist dabei, dass moralisch fragwürdige Handlungen ab der zweiten Staffel immer wieder mit dem Verweis auf den 11. September begründet werden, die Grundstruktur der Bedrohungsszenarien und Konfliktsituationen aber von der ersten – vor dem 11. September abgedrehten – Staffel an immer die gleiche ist. Durch 9/11 hat sich hier also außer der expliziten Erwähnung des Ereignisses nichts verändert.

Das Dilemma, das in der Serie immer wieder durchexerziert wird, ist ein altbekanntes ethisches Gedankenspiel: Welches Ziel rechtfertigt welche Mittel? Seit dem 11. September wird immer wieder die Frage verhandelt, ob es gerechtfertigt sein kann, Menschen zu foltern oder zu töten, wenn man dadurch »größeres« Unheil abwenden kann. Üblicherweise sind diese Gedankenspiele so inszeniert, dass die Entscheidung unter Zeitdruck und in einem geschlossenen System – zum Beispiel einem Flugzeug – getroffen werden muss. Grundsätzlich lässt sich festhalten, dass die meisten Gedankenspiele stark vereinfachen. Eine rein zielorientierte Argumentation, die Folter erlauben würde, ist dennoch fast nie haltbar. Genau dies aber legt *24* immer wieder nahe. Die Bedrohungsszenarien sind fast ausnahmslos extrem, drängend und eindeutig, und die Entscheidungen von Jack Bauer, Gesetze zu brechen, Menschen zu foltern, zu töten oder sterben zu lassen, sind fast immer zielführend. Die aus formaler Sicht spannende Innovation der Echtzeit wirkt dabei inhaltlich entlarvend. Es bleibt keine Zeit für subtile und langwierige Verhörmethoden; die Anwendung roher Gewalt scheint unvermeidbar. Die Serie zeigt zwar auch die schmerzhaften Konsequenzen solcher Handlungen wie familiäre Entfremdung und soziale Isolation, doch dies geschieht immer vor dem Hintergrund einer aus patriotischen Erwägungen grundsätzlich richtigen Entscheidung. Bauers Patriotismus erscheint dadurch in noch positiverem Licht: Er opfert sein persönliches Glück dem Wohle der Nation. Mit Blick auf den 11. September argumentiert die Serie, dass der Anschlag hätte vermieden werden können, wenn es an der richtigen Stelle einen Jack Bauer gegeben hätte.

Wie jeder Filmfreund weiß, sind solcherlei Konfliktszenarien jedoch keineswegs neu; sie finden sich auch in diversen Filmen, die deutlich vor dem 11. September konzipiert und gedreht wurden. Die terroristische Bedrohung an sich war also für die die USA nichts Neues, sondern bereits seit längerem ein wichtiges Thema. Filme wie *Wahre Lügen* (1994), *Projekt: Peacemaker* (1997), *Arlington Road* (1999) oder *Der Anschlag* (gedreht 2001) spielen allesamt mit der Frage, welche Mittel berechtigter Weise angewandt werden dürfen, um einen katastrophalen Anschlag zu verhindern. Die Antwort fällt regelmäßig so aus wie bei *24*: Gesetzesbruch, Folter und Mord erweisen sich nicht nur als adäquate Mittel, um der Gerechtigkeit zum Sieg zu verhelfen, sie bleiben auch meist unbestraft. Viele moralisch äußerst fragwürdige Handlungen der USA im Irak, in Guantanamo und in Afghanistan werden so indirekt gerechtfertigt. *24* greift also auf aus den 1990er Jahren bekannte Szenarien zurück, um schon damals gestellte Fragen auf bewährte Art und Weise zu beantworten.

Dass es auch andere Antworten gibt und dass es durchaus möglich ist, den Einsatz von Folter und Gewalt zur Abwehr nationaler Gefahren zu kritisieren, zeigen ebenfalls Beispiele von vor und nach dem 11. September. Die mit *24* relativ zeitgleich nach 9/11 ausgestrahlte Science-Fiction-Serie *Battlestar Galactica* scheint zwar in ihrem Freund- und Feindbild »Menschen gegen Zylonen« anfänglich ebenso eindeutig schwarz-weiß wie *24*, ist aber erheblich komplexer. Im Verlauf der Serie greifen beide Konfliktparteien zu äußerst fragwürdigen Mitteln, um der vermeintlichen Bedrohung durch die jeweils andere Seite zu begegnen, darunter wieder Folter und (Massen-)Mord. Allerdings wird dies für keine der Parteien als grundsätzlich vertretbar inszeniert, denn auf beiden Seiten stehen moralisch »gute« und »böse« Individuen, die als vielschichtige Charaktere inszeniert werden. Die Grundfrage der Serie ist also weniger, welche Seite das moralisch gestützte Recht der Gewaltanwendung für sich in Anspruch nehmen darf, sondern wie – und ob überhaupt – ein Kreislauf der Gewalt durchbrochen werden kann. Hier gibt es viele Anklänge an den Krieg gegen den Terror und die amerikanische Außenpolitik nach 9/11, wie man sie auch in Filmen wie *Syriana* (2005) oder *Der Mann, der niemals lebte* (2008) findet.

Vor dem 11. September inszenierte der Film *Ausnahme-zustand* (1998) bereits ein Szenario, das in seiner Prophetie aus heutiger Sicht beinahe unheimlich wirkt. Eine Serie von Anschlägen – augenscheinlich verursacht durch die Entführung eines islamistischen Scheichs durch eine US-Spezialeinheit – erschüttert in diesem Film New York und fordert Hunderte von Opfern. Als Antwort wird der Aus-nahmezustand verhängt und New York unter militärisches Kommando gestellt. Es kommt zu Rasterfahndungen in der muslimischen Bevölkerung, zur Errichtung von Internie-rungslagern und zur Folter und Ermordung eines Verdäch-tigen. Wie sich herausstellt, sind die Terroristen von der CIA gegen Saddam Hussein ausgebildet und dann im Stich gelassen worden. Der Liebhaber einer CIA-Agentin, die aufgrund ihres persönlichen Konflikts der Polizei wichtige Informationen vorenthält, entpuppt sich als letzter verblei-bender Terrorist, wird aber vom Protagonisten rechtzeitig getötet. Der Film zeigt den schlichten Blick der Verant-wortlichen auf den muslimischen Teil der amerikanischen Bevölkerung, der pauschal als terroristische Bedrohung wahrgenommen wird. Selbst wenn er nach 9/11 produziert worden wäre, hätte er in seiner Darstellung des Militärs und der CIA nicht kritischer ausfallen können. Islamistischer Terrorismus und die (Über-)Reaktion der Staatsgewalt sind also nicht erst seit dem 11. September ein Thema, das Hol-lywood mit großer Freude am moralisch-politischen Urteil behandelt.

Das Beispiel *Ausnahmezustand* zeigt, dass Kunstwerke, die vor 9/11 entstanden sind, nachträglich für eine Verhandlung dieses Ereignisses und seiner Folgen nutzbar gemacht wer-den können. Das heißt aber umgekehrt auch, dass selbst Kunstwerke, die direkt auf 9/11 Bezug nehmen, nicht not-wendigerweise eine große Wirkmacht für seine Verhand-lung entfalten müssen und theoretisch auch ohne dieses Ereignis als konkretem Auslöser vorstellbar wären. So insze-niert Neil LaButes Drama *The Mercy Seat* eine Situation, in der ein Mann am 11. September seine Geliebte trifft, während er eigentlich im World Trade Center sein müsste. Deshalb glaubt seine Familie nach den Anschlägen, er wäre tot; während des gesamten Stückes klingelt das Telefon, weil seine Frau ihn zu erreichen versucht. Nun spielen Mann und Geliebte mit dem Gedanken, seinen angenommenen Tod zu nutzen, um ein gemeinsames Leben zu beginnen. Offensichtlich schaffen die Ereignisse des 11. September erst die Möglichkeit, sich eine neue Identität zuzulegen. Allerdings hätte der Mann ebenso gut einem Brand, einem Zugunglück oder Ähnlichem entgangen sein können.

Nur für relativ wenige Kunstwerke ist der 11. September so zentral, dass sie ohne ihn nicht vorstellbar wären – zum Beispiel *Extrem Laut und Unglaublich Nah* und *In the Shadow of No Towers*. Aber auch wenn 9/11 für einige Werke im Wortsinne »außerordentlich« wirkmächtig war, stellt das traumatische Ereignis für die amerikanische Kunst an sich eben doch keine Zäsur dar, wie ironischerweise gerade an Foers Roman und Spiegelmans Comic besonders deutlich wird. Um Missverständnissen vorzubeugen: 9/11 ist für die seit diesem Ereignis produzierte Kunst natürlich nicht völlig austauschbar; es ist aber auch keine Zäsur. Im Gesamtzusammenhang wird deutlich, dass das Furchtbare am 11. September eben nicht dessen Einzigartigkeit ist, sondern gerade die Tatsache, dass er eine Kontinuität aufzeigt, dass er »nur« eine Fokussierung vieler höchst problematischer Entwicklungen ist, dass er offensichtlich nicht der letzte Katalysator gewesen ist – mit Blick auf Madrid und London –, und wahrscheinlich auch nicht sein wird. In dieser Hinsicht ist es ausnahmsweise keine positive Prognose, dass es auch in Zukunft Kunst geben wird: Zum 11. September 2001 und zu schrecklichen Ereignissen in Vergangenheit und Gegenwart.

*Rüdiger Heinze*

## ZUM WEITERLESEN

Holloway, David. *9/11 and the War on Terror: Representing American Events.* Edinburgh: Edinburgh University Press, 2008.

Irsigler, Ingo (Hrsg.). *Nine Eleven: Ästhetische Verarbeitungen des 11. September 2001.* Heidelberg: Universitätsverlag Winter, 2008.

Keniston, Ann, und Jeanne Follansbee Quinn (Hrsg.). *Literature After 9/11.* New York: Routlegde, 2008.

Mohr, Dunja, und Sylvia Mayer (Hrsg.). *9/11 as Catalyst: American and British Cultural Responses.* Zeitschrift für Anglistik und Amerikanistik 1/2010. Würzburg: Königshausen und Neumann, 2010.

Poppe, Sandra, et al. (Hrsg.). *9/11 als kulturelle Zäsur: Repräsentationen des 11. September 2001 in kulturellen Diskursen, Literatur und visuellen Medien.* Bielefeld: transcript, 2009.

KUNST

**RELIGION**   Das Kreuz, das aus den Trümmern des World Trade Center geborgen wurde – wofür steht es? Für Versöhnung und Vergebung, für Trost angesichts von Leid und Tod? Oder für eine Kampfansage angesichts eines Angriffes islamistischer Terroristen, der nicht nur einem Knotenpunkt des Welthandels galt, sondern auch einer christlichen Nation? Wie auch immer man diese Fragen beantwortet – das Thema Religion scheint im öffentlichen Leben der USA seit den Anschlägen des 11. September eine größere Bedeutung erlangt zu haben. Aber stimmt dies wirklich? In jedem Fall ist das Bild des Kreuzes ein vorzüglicher Ausgangspunkt, um über die Bedeutung von Religion in den USA und den Einfluss von 9/11 auf die Religiosität der Amerikaner nachzudenken.

Dabei gilt es zunächst mit einem Vorurteil aufzuräumen: Natürlich gibt es in den USA nicht nur *einen* prototypisch amerikanisch christlichen Glauben – auch wenn dieser Eindruck in den deutschen Medien teilweise erweckt wird, wenn diese vor allem über den Einfluss konservativer Gläubiger auf die republikanische Partei, über strenge Abtreibungsgegner oder über Kreationisten berichten. Über Christen also, die aus heutiger europäischer Sicht befremdlich erscheinen und die gerade deshalb eine Nachricht wert sind. Diese Gruppen, denen die Medien viel Aufmerksamkeit schenken, machen jedoch nur einen Teil der Christen in den USA aus. Tatsächlich gibt es dort so viele verschiedene christliche Strömungen – Baptisten, Quäker, Episkopalier, Katholiken und Methodisten, um nur einige zu nennen –, dass die scheinbare Geschlossenheit des Christentums in Amerika auf den zweiten Blick einer kaum überschaubaren Vielfalt der Konfessionen, Glaubensgemeinschaften und Weltanschauungen weicht. Dies ist kein Zufall, waren die USA doch von jeher vom Prinzip der Religionsfreiheit geprägt und somit der natürliche Hort derjenigen, die ihren Glauben frei ausleben wollten.

Eine der noch immer einflussreichsten Untersuchungen zu den USA versucht daher auch, eine Verbindung zwischen der starken und vielfältigen Religiosität der Amerikaner und dem politischen System der Demokratie herzustellen: In seinem zwischen 1835 und 1840 veröffentlichten Klassiker *Demokratie in Amerika* formuliert Alexis de Tocqueville unter anderem die These, dass die außergewöhnliche religiöse Prägung der USA der Demokratie und der Toleranz Vorschub geleistet habe. Nach de Tocqueville ist es einerseits zwar typisch für christliche Einwanderer, dass sie für ihre Glaubensrichtung einen besonderen Wahrheitsanspruch einfordern, der sich potenziell gegen andere konfessionelle Gruppen richten könnte. Andererseits bietet eine pragmatische Toleranz gegenüber anderen Konfessionen gleichzeitig die Sicherheit, dass sich die eigene Glaubensgemeinschaft trotz der Pluralität miteinander konkurrierender Weltanschauungen weiter entfalten kann – wenn dieselbe pragmatische Toleranz auch von anderen Gruppen aufgebracht wird. Mit anderen Worten: Für de Tocqueville führt die Vielfalt der Gruppen, die für sich die Wahrheit reklamieren, zu einer Duldung von Andersdenkenden und unterstützt somit eine freie, liberale und demokratische Gesellschaft.

Soweit die Theorie. In der Praxis vertragen sich Wahrheitsansprüche und Toleranz auch in den USA jedoch natürlich nicht immer. Das Spannungsfeld zwischen Freiheit und weltanschaulichem Bekenntnis war und ist – gerade nach dem 11. September – ein umkämpftes Terrain. So begegnen wir in der amerikanischen Gesellschaft Vorurteilen gegen das religiös »Andere« – insbesondere wenn es sich um nicht-christliche Religionen wie den Islam handelt, die häufig mit dem ethnisch »Anderen« assoziiert werden. Diese Vorbehalte wurden durch die von Moslems verübten Anschläge des 11. September nicht hervorgerufen, es gab sie schon vorher. 9/11 aber hat sie verstärkt. Dass dieses Misstrauen auch mehrere Jahre nach 9/11 nicht spürbar zurückgegangen war, wurde spätestens im Wahlkampf 2008 deutlich, als Gerüchte die Runde machten, Barack Hussein Obama sei nicht Christ, sondern Moslem. Diese Fehlinformation wurde von einigen Seiten systematisch verbreitet, um Wählerinnen und Wähler gegen Obama aufzubringen. Tatsächlich dachten deshalb Teile der amerikanischen Gesellschaft, der demokratische Präsidentschaftskandidat sei muslimischen Glaubens. Laut einer Umfrage des Pew Research Centers teilten noch im März 2009 mehr als zehn Prozent der Bevölkerung diese Auffassung.

So geschah es John McCain, Obamas republikanischem Konkurrenten um die Präsidentschaft, dass er im Oktober 2008 von einer Teilnehmerin an einer seiner Wahlkampfveranstaltungen mit den folgenden Worten konfrontiert wurde: »Ich kann Obama nicht vertrauen. Ich habe Dinge über ihn gelesen. […] Und er ist Araber.« Bevor seine Anhängerin weitersprechen konnte, ergriff McCain das Wort und entgegnete ihr: »Nein, er ist ein guter Familienmensch und Bürger – mit dem ich einfach Meinungsverschiedenheiten zu fundamentalen Fragen habe, und darum geht es in diesem Wahlkampf.« Während McCains Äußerung vom Publikum nicht nur positiv aufgenommen wurde, interpretierte die Presse sie teilweise als Versuch, die Wahlkampfrhetorik der Republikaner auf ein respektvolleres Niveau zu heben, und bewertete sie deshalb durchaus positiv. In dem kurzen Gespräch vermischen jedoch beide Seiten unterschiedliche Kategorien auf beunruhigende Weise: Die Fragende verschränkt zunächst eine religiöse Einstellung (muslimisch) mit einer ethnischen Zugehörigkeit (arabisch) und spricht dieser ethno-religiösen Gruppe jegliches Vertrauen ab. McCain bewertet dann zwar Obamas Charakter sehr wohlwollend. Allerdings wird die Vorstellung eines gefährlichen »Anderen«, der bedrohlich erscheint, weil er muslimisch, arabisch und daher nicht vertrauenswürdig ist, nicht zurückgewiesen, sondern indirekt bestätigt – denn McCain kontrastiert implizit den »Familienmenschen« und »Bürger« mit dem »Araber«.

Noch deutlicher mit dem 11. September verknüpft sind die Abwehrreaktionen gegen Muslime, die 2010 im Zuge der Diskussionen um den Bau eines islamischen Gemeinde- und Begegnungszentrums im Herzen Manhattans zutage traten. Man könnte das Zentrum – das wenige Straßen vom ehemaligen Standort des World Trade Centers entfernt entstehen soll – als den Versuch lesen, die Freiheit und die Toleranz, die am 11. September 2001 attackiert wurden, architektonisch greifbar werden zu lassen. Da das Gebäude zudem in der Nähe der Church Street stehen soll, könnte es als Symbol eines friedlichen Nebeneinanders der Religionen verstanden werden. Vor allem bei republikanischen Politikern, aber auch bei 9/11-Opferverbänden und einzelnen Demokraten stößt der geplante Bau jedoch auf Widerstand – teils aus wahltaktischen Gründen, teils aufgrund von Weltbildern, die den Islam generell mit dem »Anderen«, dem Nicht-Amerikanischen und den Anschlägen des 11. September in Verbindung bringen. Auf allen Ebenen der Gesellschaft, von lokalen ökumenischen Gruppen bis hin zu Präsident Obama, gibt es jedoch auch Stimmen, die auf das Recht von Muslimen verweisen, ihre Religion frei auszuüben. So riefen im August 2010 Vertreter verschiedenster Kirchen und Religionen die Amerikaner dazu auf, »den zivilen Dialog zwischen Christen, Juden und Muslimen auf der Grundlage von Mitgefühl, Gerechtigkeit und Frieden in die Zukunft zu führen«. Hasserfüllte Rhetorik unterminiere »die Werte, die für inter-religiöse Traditionen zentral sind und die höchsten Ideale unserer Nation darstellen«. Religiöse Toleranz und Intoleranz existieren hier also – wie so oft – direkt nebeneinander.

Europäische Beobachter solcher Auseinandersetzungen, die manchmal sehr schnell darin sind, den Amerikanern religiöse Intoleranz vorzuwerfen und die mäßigende Stimmen gerne überhören, tun derweil gut daran, sich an ähnliche Phänomene in der »alten Welt« zu erinnern. Auch in Europa wird Religionsfreiheit oft implizit als Toleranz christlicher Gruppen untereinander verstanden, feiert in den Niederlanden eine islamfeindliche Partei Wahlerfolge, wird in Frankreich über ein Kopftuchverbot diskutiert und begleiten – auch in Deutschland – öffentliche Kontroversen viele Moscheebauten. Hier werden die paradoxen Erwartungen, die viele Europäer an die USA richten, besonders deutlich. So meinen offensichtlich viele, dass dort für religiöse Gruppen eine Freiheit herrschen sollte, welche in Europa selbst oftmals nicht gegeben ist. Und gleichzeitig fühlt man sich in seinem Antiamerikanismus bestätigt, wenn dort radikale Christen aufgrund ihrer Überzeugungen massiv gegen die Gleichbehandlung von Muslimen ankämpfen und so gegen Freiheitsgrundsätze verstoßen.

Beim Blick auf die USA sollte nicht außer Acht gelassen werden, dass es dort auch Agnostiker und Atheisten gibt und dass religionskritische Publizisten wie Christopher Hitchens aus Amerika in globale Diskussionen um die Rolle der Religion in der Gesellschaft eingreifen. Wie oben schon angemerkt, ist es zudem wichtig, nicht alle amerikanischen Christen über einen Kamm zu scheren. Man muss, wenn man das Christentum in den USA beschreibt, darauf achten, nicht selbst in die Schwarz-Weiß-Malerei einiger Extremisten zu verfallen, und man darf die vielen liberalen Gläubigen nicht vergessen, die sich radikales Denken nicht zu eigen machen. Möchte man die verschiedenen Ausprägungen des Christentums in den USA mit Kategorien fassen, so lassen sich dem Politikwissenschaftler Rainer Prätorius zufolge vier Gruppen unterscheiden: »charismatische«, »evangelikale«, »fundamentalistische« und »mainline« Christen. Der Begriff »mainline« (Hauptlinie) kann dabei in Anlehnung an denjenigen des »Mainstream« verstanden werden. »Mainline« Christen stehen demnach in der Mitte der amerikanischen Gesellschaft und teilen die Werte der meisten Amerikaner. »Charismatische« Christen betonen den persönlichen Zugang zu Gott sowie eine emotional erlebbare Religiosität. »Evangelikal« – ein Begriff, der vom deutschen »evangelisch« zu unterscheiden ist – bezeichnet eine Glaubensausrichtung, die großen Wert auf die direkte göttliche Prägung der Bibel legt, eine Erweckungserfahrung als Grundlage für den persönlichen Glauben ansieht und die Bekehrung von Andersgläubigen als wichtig erachtet. »Fundamentalistisch« werden dagegen Gläubige genannt, die auf einer wörtlichen Auslegung der Bibel beharren und jegliches Zugeständnis im Bezug auf ihre Dogmen verweigern.

Eine eindeutige Zuordnung einzelner Gläubiger und Gemeinden erlauben aber auch diese Unterscheidungen nicht. Denn erstens sind die Definitionen der Begriffe umstritten. So reklamieren manche Christen die Bezeichnung »mainline« für sich, um sich vom Mainstream abzugrenzen. Diese Gläubigen nehmen für sich in Anspruch, traditionelle amerikanische Werte zu leben, die dem Mainstream längst verloren gegangen seien. Zweitens ist es offensichtlich, dass sich die Begriffe überlagern und in den Glaubenseinstellungen einzelner Menschen zusammenfallen. So sind viele Evangelikale auch fundamentalistisch und viele Fundamentalisten evangelikal. Wie Rainer Prätorius jedoch anmerkt, sind aber eben »nicht alle Evangelikalen fundamentalistisch, wie auch nicht alle Fundamentalisten evangelikal ausgerichtet sind«.

Betont werden muss in diesem Zusammenhang, dass der Begriff »Fundamentalismus«, der in Diskussionen über Religion nach 9/11 solch eine zentrale Rolle spielt, nicht für Moslems erfunden und dann auf Christen übertragen, sondern für amerikanische Christen geprägt wurde. Auch ist der christliche Fundamentalismus keine Entwicklung der letzten Jahrzehnte, sondern hat seine Wurzeln im ausgehenden 19. Jahrhundert, als sich in christlichen Kreisen Modernisierungstendenzen zeigten. Versuche, mit Hilfe der historisch-kritischen Bibelwissenschaft neue Wege zu erkunden oder den Glauben und eine rationale Sicht auf die Welt zu vereinen, lösten eine Gegenbewegung aus, die auf »fundamentalen« Glaubensgrundsätzen wie der jungfräulichen Geburt Jesu oder der wörtlichen Unfehlbarkeit der heiligen Schrift beharrte. Ob dieser auf der wörtlichen Auslegung der Bibel beharrende Widerstand gegen Modernisierungsprozesse immer unreflektiert vonstatten ging und geht, wie manchmal behauptet wird, sei hier dahingestellt. Schlussendlich ist der Fundamentalismus jedoch eine Weltsicht, die sich Gegenargumenten und Relativierungen *per definitionem* nicht öffnen kann und will – was eine Verständigung mit Andersgläubigen sehr schwierig macht und die Pluralität der Weltbilder und Religionen in einer Gesellschaft in Frage stellt.

Bis in die 1920er Jahre hinein war der Streit zwischen Modernisten und Fundamentalisten im amerikanischen Christentum unentschieden. Danach schien es, als ob sich ein gemäßigtes, »modernes« Christentum auf breiter Basis dauerhaft durchsetzen würde. Ein frühes Anzeichen dafür, dass dies ein Trugschluss war, war der enorme Erfolg von Hal Lindseys Buch *Alter Planet Erde, wohin?*, einem der meistverkauften »Sachbücher« der 1970er Jahre, das vom unmittelbar bevorstehenden Jüngsten Gericht handelt. Im Zuge der achtziger Jahre wurde der fundamentalistische Zweig des amerikanischen Christentums dann zur politischen Kraft. Mit der Unterstützung dieses Flügels bewarb sich Anfang der 1990er Jahre Pat Buchanan als innerparteilicher Widersacher des amtierenden George H. W. Bush um die Nominierung der republikanischen Partei für das Präsidentenamt. Nach seiner Niederlage in den Vorwahlen hielt Buchanan auf dem Parteitag der Republikaner im Jahr 1992 eine Rede, in der er Bush schließlich seine Unterstützung zusagte. In dieser Rede sprach Buchanan vom »Krieg der Kulturen« innerhalb der USA und definierte so einen Konflikt, der das Land während der 1990er Jahre prägen sollte und in dem sich der erstarkte Einfluss konservativer Christen auf die Politik besonders klar zeigte:

> Meine Freunde, bei dieser Wahl geht es um viel mehr als darum, wer was bekommt. Es geht darum, wer wir sind. Es geht darum, was wir glauben. Es geht darum, wofür wir als Amerikaner stehen. In unserem Land herrscht ein *religiöser Krieg* um die Seele Amerikas. Es ist ein kultureller Krieg, der so wichtig für die Nation ist, die wir einmal sein werden, wie der Kalte Krieg. Und in diesem Kampf um die Seele Amerikas sind Clinton und Clinton auf der einen Seite, und George Bush ist auf unserer Seite.

In Buchanans Worten zeigt sich zum einen die Tendenz der amerikanischen Wahlkampfrhetorik zu weit pathetischeren und stärker religiös geprägten Formulierungen, als man sie in Deutschland gewöhnt ist. Zum anderen wird hier – weit vor dem 11. September und weit vor George W. Bushs Rede zur »Achse des Bösen« – sehr deutlich, dass religiöse Kategorien in den USA nicht nur herangezogen werden, um die eigene Überzeugung zu untermauern, sondern dass sie mit einem dem Fundamentalismus verwandten politischen Schwarz-Weiß-Denken zusammenfallen können, das die Welt starr in Gut und Böse aufteilt.

Dieses manichäische Denken durchdringt auch die christliche Belletristik, die im Zuge des Kriegs der Kulturen ungeheure Popularität erlangte. Ebenso religiös wie politisch motiviert sind zum Beispiel die Romane der *Left Behind*-Reihe des Autorenteams Tim LaHaye und Jerry Jenkins, die zu den erfolgreichsten amerikanischen Publikationen der letzten zwanzig Jahre gehören. Aufbauend auf apokalyptischem Gedankengut der letzten Jahrhunderte fiktionalisieren die Texte Tim LaHayes Interpretation der Offenbarung des Johannes in einer sehr nahen Zukunft. Ausgangspunkt der Romanserie ist die »Entrückung der

Brautgemeinde«. Die wahren Gläubigen, die Brautgemeinde, werden zu Beginn der Endzeit durch Gott von der
Erde geholt. Die Romane erzählen nun davon, wie die
nicht entrückte, zurückgelassene Bevölkerung daraufhin
sieben Jahre der Plagen und des Schreckens überstehen
muss, bevor Jesus auf die Erde zurückkehrt und das tau-
sendjährige Friedensreich erschafft. Während dieser sieben
Jahre haben die Zurückgebliebenen eine Zeit lang die
Möglichkeit, sich zu Gott zu bekennen. Viele tun dies jedoch nicht rechtzeitig, sondern glauben zu lange den Frie-
dens- und Heilsversprechen des Antichristen, der zunächst
als Politiker auftritt und in seiner Funktion als UN-Gene-
ralsekretär die Staaten der Erde unter einer neuen Weltre-
gierung mit Sitz in Neu-Babylon vereinigt. Die christlichen Oppositionellen, also die Romanfiguren, die nach
der Entrückung zum Glauben gefunden haben, verfolgen
das Ziel, so viele Menschen wie möglich von ihrer Wahrheit zu überzeugen und stellen sich den staatlichen, satani-
schen Autoritäten als Untergrundkämpfer entgegen. Fällt
ein Mensch dabei bis zu einem gewissen Zeitpunkt nicht
die klare Entscheidung gegen den Antichristen und für Jesus und Gott, so ist er zu ewiger Verdammnis verurteilt.
LaHayes Fundamentalismus richtet sich also nicht etwa nur
gegen andere Religionen als das Christentum, wie beispielsweise den Islam. Nein, alle Menschen, die seine Glau-
bensinhalte nicht teilen, sind für die ewige Verdammnis bestimmt. Wie bei Buchanan gibt es letztendlich nur »unsere
Seite« und die der »Anderen«.

Damit bauen die Romane auf Grundlagen auf, die La-
Haye schon Jahre zuvor in Sachbüchern wie *The Battle for
the Family* (Der Kampf um die Familie) formuliert hatte:

Die Schlacht um die Zukunft Amerikas wird zwischen überzeugten Humanisten und überzeugten
Christen ausgetragen werden. Diejenigen, die zwischen diesen Positionen stehen, werden beiden Seiten

oft in den Weg kommen. Sie sind jedoch wichtig, da sie die Objekte der Kriegshandlungen sind und Millionen Wählerstimmen ausmachen, welche entscheiden, wer in Zukunft unsere Gouverneure, Führer und Gesetzesgeber sein werden.

Man erkennt in diesen Sätzen deutlich eine Nähe zu Buchanan, der sich zumindest rhetorisch der hier formulierten Weltanschauung bediente. In LaHayes Publikationen bleibt jedoch teilweise recht unklar, wodurch sich »überzeugte Christen« genau auszeichnen. Und obwohl sich LaHayes und Jenkins' Bücher millionenfach verkauft haben, teilen selbstverständlich nicht alle Leser der Romane das Weltbild der Autoren. Zudem glauben nicht alle Fundamentalisten an die bevorstehende Apokalypse, und diejenigen, die es tun, sind uneins darüber, wie das Ende der Welt aussehen wird.

Keineswegs so eindeutig zu verorten, wie dies die deutschen Medien mitunter nahe legen, sind in diesem Zusammenhang auch George W. Bush und seine Regierung. Manches mag bei erster Betrachtung darauf hindeuten, dass die Reaktionen der Regierung Bush auf den 11. September stark von einem fundamentalistischen christlichen Weltbild geprägt waren. Erinnert sei hier etwa daran, dass Bush den »Krieg gegen den Terror« in einem Gespräch mit der Presse einmal als Kreuzzug bezeichnete, oder an die mit Bibelzitaten betitelten Memos aus dem US-Verteidigungsministerium, die den Präsidenten über den Verlauf des Irak-Kriegs unterrichteten. Vergessen wird dabei gerne, dass Bush auch von seinen politischen Gegnern viel Lob dafür erntete, dass er noch im September 2001 innerhalb der USA mit Moscheebesuchen und anderen symbolischen Handlungen dazu beitrug, den »Krieg gegen den Terror« nicht als Konflikt zwischen Christentum und Islam erscheinen zu lassen. Gerade im Kontext der vielen anti-muslimischen Äußerungen rund um den Bau des islamischen Gemeindezentrums am Ground Zero erscheint dies rückblickend umso bemerkenswerter.

Eine genaue Beschreibung von Bushs Position bleibt auch deshalb schwierig, weil es kaum möglich ist, zwischen Rhetorik, die auf Wahlerfolge abzielt, und Redebeiträgen, die eigene Überzeugungen ausdrücken, zu unterscheiden. Je nachdem, welchen Wahrheitswert sie Bushs Äußerungen zuschreiben, kommen Politikwissenschaftler deshalb zu unterschiedlichen Einschätzungen. So betonen Clyde Wilcox und Carin Larson in dem Band *God Bless America*, dass Bush während seiner ersten Amtszeit wiederholt Themen ansprach, die konservativen Christen am Herzen lagen, um diese »bei der nächsten Wahl in größerer Zahl mobilisieren zu können«. Im selben Band argumentiert der Historiker Detlef Junker jedoch, dass für Bush die »Scheidung der Welt in Gut und Böse […] keine aufgesetzte, öffentliche Geste« sei, sondern »zum Kern seines politischen Weltbildes« gehöre.

Doch selbst wenn man Bush so beurteilt, wie Junker es tut, kann man das Weltbild des ehemaligen Präsidenten nicht einfach auf einen christlichen Fundamentalismus zurückführen. Denn die Wurzeln dieses Denkens könnten auch in einem allgemeineren amerikanischen Sendungsbewusstsein liegen, das sich nicht gegen das religiös »Andere«, sondern vor allem gegen »nicht-amerikanische« Prinzipien wie das Nicht-Demokratische, Nicht-Egalitäre oder Nicht-Fortschrittliche wendet. Junker zufolge hat dieses amerikanische Sendungsbewusstsein, nachdem es durch den Niedergang des Kommunismus in den 1990er Jahren überflüssig geworden zu sein schien, durch den 11. September wieder ein schwarz-weißes Weltbild und somit frischen Antrieb gefunden. Von dieser Warte aus war die amerikanische Außenpolitik nach dem 11. September 2001 dann trotz vielfältiger Parallelen zum religiösen Fundamentalismus nicht primär religiös geprägt. Und selbst wenn sie es war, endete dies mit der Niederlage John McCains, der die Präsidentenwahl gegen Barack Obama auch deshalb so deutlich verlor, weil er als Republikaner mit der inzwischen unpopuläten Weltanschauung George W. Bushs in Verbindung gebracht wurde.

Wofür steht also das Bild des Kreuzes inmitten der Trümmer von Ground Zero? Diese Frage lässt sich auch zehn Jahre nach den Anschlägen nicht eindeutig beantworten. Wie die Auseinandersetzungen um das islamische Zentrum in der Nähe von Ground Zero zeigen, wird um das Verhältnis der Religionen zueinander weiter gerungen. Die amerikanische Gesellschaft ist sich auch nach 9/11 uneins darüber, wie politische und religiöse Überzeugungen und die Idee der Freiheit zusammengedacht werden können. Außer Frage steht lediglich, dass die Anschläge des 11. September und ihre Folgen Kristallisationspunkte sind, welche die Konfliktlinien zwischen verschiedenen Religionen und Weltanschauungen sowie die problematische Beziehung zwischen Glauben und persönlicher Freiheit klarer hervortreten ließen. Geschaffen haben die Anschläge diese Konflikte nicht.

*Lutz Schowalter*

## ZUM WEITERLESEN

Brocker, Manfred (Hrsg.). »*God Bless America*«: *Politik und Religion in den USA*. Darmstadt: Wissenschaftliche Buchgesellschaft, 2005.

Kienzler, Klaus. *Der Religiöse Fundamentalismus: Christentum, Judentum, Islam*. München: C.H. Beck, 2002.

Prätorius, Rainer. *In God We Trust: Religion und Politik in den USA*. München: C.H. Beck, 2003.

Rüb, Matthias. *Gott regiert Amerika: Religion und Politik in den USA*. Wien: Zsolnay, 2008.

Utter, Glenn H. (Hrsg.). *Culture Wars in America: A Documentary and Reference Guide*. Santa Barbara: Greenwood Press, 2010.

**WIRTSCHAFT** Im Zentrum der Weltfinanzmetropole New York sah man sie zu Dutzenden – Investmentbanker, die ihren Arbeitsplatz verloren hatten, standen mit ihren Habseligkeiten in den Händen auf der Straße. Wir schreiben September 2008, die Investmentbank *Lehman Brothers* ist gerade Bankrott gegangen, das amerikanische Finanzsystem steht kurz vor dem Kollaps. Es sind nicht die einstürzenden Türme des World Trade Centers, die die Menschen auf die Strasse treiben, sondern der Zusammenbruch des Systems, für das die Türme einst standen. Nicht nur im Finanzsektor verlieren tausende Amerikaner ihren Arbeitsplatz; die Finanzwirtschaft zieht andere Wirtschaftszweige mit sich, und die Arbeitslosigkeit schnellt in für die USA ungewöhnliche Höhen. Amerika steht vor der gravierendsten Rezession seit der Großen Depression der 1930er Jahre. Um die Wirtschaft vor einem kompletten Zusammenbruch zu bewahren, wirft Präsident George W. Bush alle ideologischen Bedenken über Bord und scheut auch vor massiven staatlichen Maßnahmen zur Unterstützung der Wirtschaft nicht zurück. Die Finanzkrise 2008/2009 war eine Jahrhundertzäsur, aber sie ist nicht durch die Terroranschläge des 11. September ausgelöst worden. Im Gegenteil hat 9/11 gerade die amerikanische Wirtschaftspolitik kaum verändert.

Denn was geschah nach dem 11. September? Infolge des größten Terroranschlags der amerikanischen Geschichte setzte die US-Wertpapierbörse, die *New York Stock Exchange*, sofort den Handel aus; die Börse blieb mehrere Tage lang geschlossen. Die Anschläge führten weltweit zu Panik und Schockreaktionen; die Aktienkurse brachen ein. Erst nach vier Tagen nahm die *New York Stock Exchange* ihren

Handel wieder auf; der *Dow Jones*, der Aktienindex der 30 größten US-Unternehmen, verzeichnete ein Minus von 7,13 Prozent. Eine Studie des *Center for Risk and Economic Analysis of Terrorism Events* (Zentrum für Risiko- und Wirtschaftsanalyse terroristischer Ereignisse) aus dem Jahr 2009 veranschlagte die volkswirtschaftlichen Kosten der Anschläge mit 35 bis 109 Milliarden Dollar oder, anders ausgedrückt, zwischen 0,5 und 1 Prozent des Bruttoinlandsprodukts (BIP). Zwei Sektoren waren besonders stark von den Folgen des 11. Septembers betroffen: die Versicherungsbranche und die Luftfahrtindustrie. Amerikanische Touristen scheuten nach den Anschlägen Flugreisen ins Ausland, während gleichzeitig die Zahl internationaler Touristen, die die USA besuchten, deutlich zurückging (2001 um 12 Prozent, 2002 um 4 Prozent). Dieser Einbruch zog einen Kursverfall der Aktien fast aller Fluggesellschaften nach sich.

Hatte die Wachstumsrate im Jahr 2000 noch bei 3,7 Prozent gelegen, fiel sie im Jahr 2001 auf 0,8 Prozent; von 2001 bis 2004 betrug das durchschnittliche Wirtschaftswachstum 2,5 Prozent. Die Arbeitslosenrate stieg von 4,2 Prozent im Jahr 2001 auf 6,0 Prozent im Jahr 2003. Der Einbruch des Wirtschaftswachstums 2001 ist allerdings nicht allein dem 11. September zuzuschreiben, denn die Terroristen trafen die US-Wirtschaft in einem Moment, in dem sie ohnehin schon stark verwundbar war. Im Jahr 2000 hatte der dramatische Fall der Hochtechnologiewerte auf den Aktienmärkten – insbesondere im Bereich der Informations-, Computer- und Kommunikationstechnologien (der so genannten *New Economy*) – sowie die niedrigen Aktienbewertungen und Gewinnerwartungen, die darauf folgten, der fast zehn Jahre währenden, ununterbrochenen Wachstumsphase der 1990er Jahre ein Ende gesetzt. Als im Sommer 2000 die Spekulationsblase platzte, gingen zahlreiche Unternehmen der *New Economy* Bankrott, andere reduzierten ihre Investitionen und entließen Mitarbeiter.

Hierauf galt es zu reagieren: Die *Federal Reserve*, die amerikanische Zentralbank, senkte den Leitzins von 3,5 Prozent im August 2001 auf 1,75 Prozent im Dezember 2001. Weitere Zinssenkungen folgten, bis der Zinssatz im Juni 2003 bei 1,0 Prozent lag. Vergleichbar niedrige Zinsen hatte es das letzte Mal während Präsident Eisenhowers Amtszeit in den 1950er Jahren gegeben. Um die Märkte nach dem 11. September zu beruhigen, signalisierte die *Federal Reserve* zudem, dass sie den Banken unbegrenzte Liquidität zur Verfügung stellen würde. Schließlich führte sie in einer abgestimmten Aktion zusammen mit der Europäischen Zentralbank, der *Bank of Japan* und der Schweizer Nationalbank den Geldmärkten zusätzliche Gelder zu, um den Weltmarkt in Schwung zu halten und den Dollar zu stützen. Die *Federal Reserve* hielt auch dann noch an einem niedrigen Zinssatz fest, als sich die Wirtschaft bereits wieder erholte.

Gleichzeitig setzte Präsident Bush auf eine expansive Fiskalpolitik, pumpte also mehr Geld in den Wirtschaftskreislauf: Nur drei Tage nach den Anschlägen beschloss der Kongress ein Hilfspaket in Höhe von 40 Milliarden Dollar. Industrien, die besonders stark von den Anschlägen betroffen waren, erhielten zusätzliche Hilfen. Zudem wurde die bereits im Wahlkampf von Bush angekündigte Reduzierung der Einkommensteuer, insbesondere des Spitzensteuersatzes, beschlossen. Damit wollte er nicht nur die Anhebung des Spitzensteuersatzes der Regierung Clinton wieder rückgängig machen, sondern auch die Wirtschaft nach dem Platzen der *New Economy*-Blase stimulieren. 2002 legte die Regierung Bush ein weiteres Programm für Wachstum und Beschäftigung auf; schließlich entschied der Kongress 2003, einige der über neun Jahre gestaffelten Steuererleichterungen aus dem Gesetz von 2001 vorzuziehen und in Teilen zu erweitern. Hauptadressaten von Bushs Konjunkturprogramm waren die amerikanischen Verbraucher, denn ihr Konsum ist die wichtigste Triebkraft der US-Wirtschaft.

Neben dem staatlichen Konsum war es denn auch vor allem der Konsum der privaten Haushalte, der dafür sorgte, dass die amerikanische Wirtschaft bereits 2002 wieder aus ihrer kurzen und flachen Rezession zu positiven Wachstumsraten zurückkehrte: 2002 wuchs das BIP wieder um mehr als zwei Prozent. Zwar nahm die Arbeitslosenrate von 2000 bis 2003 von vier auf sechs Prozent zu, doch dies war im Vergleich zu früheren Rezessionen ein eher moderater Anstieg.

Dass die USA nicht in eine lang anhaltende Rezession abglitten und sich relativ schnell wieder erholten, lag also erheblich am umfassenden Krisenmanagement der Regierung. Allerdings hatte die Rettungspolitik im wahrsten Sinne des Wortes ihren Preis: In kurzer Zeit verwandelten sich die Überschüsse der Clinton-Jahre in ein Defizit, und die Staatsschulden stiegen sprunghaft an. Damit wich Bush deutlich von seinen Wahlversprechen ab. Im Wahlkampf 2000 war er mit dem Anspruch strenger Ausgabenkontrolle angetreten und hatte angekündigt, verantwortungsvoll mit den von der Regierung Clinton erwirtschafteten Haushaltsüberschüssen umzugehen. Neben den Anreizmaßnahmen und den Steuersenkungen taten die Mehrausgaben für innere und äußere Sicherheit sowie die Kriege in Afghanistan und dem Irak ihr übriges, um die Staatsausgaben explodieren zu lassen. Hatte der Haushaltsüberschuss im Jahr 2000 noch 2,4 Prozent des BIP betragen, verzeichnete er 2003 einen Fehlbetrag von 3,5 Prozent. Anders als in der Vergangenheit blieb zudem der Schuldenabbau der privaten Haushalte durch einen Anstieg der privaten Sparquote aus. Der Ökonom Jens van Scherpenberg sprach daher auch von dem »geborgten Aufschwung«. Überdies schufen die niedrigeren Zinsen die Voraussetzung für die stetig wachsende Immobilienblase. Somit trug Bushs Wirtschaftspolitik einerseits zu den Problemen bei, die letztlich zu der Wirtschafts- und Finanzkrise 2008/2009 führten. Andererseits sind die Ursachen der Krise zahlreich, und viele gehen deutlich weiter zurück als bis zu den Terroranschlägen des 11. September 2001. Die gilt zum Beispiel für die Deregulierung der Finanzmärkte, die während der Präsidentschaft Ronald Reagans begann und von den Präsidenten George H.W. Bush und Bill Clinton fortgeführt wurde.

Die Anschläge haben somit eine bestehende Entwicklung verschärft, aber keinen Paradigmenwechsel eingeleitet. Denn Präsident Bush vertraute nach wie vor auf die Selbstregulierung der Märkte, und auch seine Haushalts- und Schuldenpolitik war letztlich nichts Neues unter Republikanern, sondern stand in der Tradition Präsident Reagans. Präsident George W. Bush orientierte sich nach wie vor an einem traditionell konservativen Modell: Seine Wirtschaftspolitik zeichnete sich durch Steuersenkungen, Deregulierung und eine Rücknahme staatlicher Aufsicht aus. Grundsätzlich gelten Steuersenkungen für die Republikaner als zentraler Hebel, um das Wirtschaftswachstum zu fördern. Selbst im Sommer 2007, als die Zahlungsausfälle von Hypothekenschuldnern die Kreditmärkte erreichten und erste Hypothekenfinanzierer in Schieflage gerieten, die Krise jedoch als vorübergehendes Liquiditätsproblem gesehen wurde, glaubte Präsident Bush noch an die Selbstheilungskräfte der Märkte – direkte Staatseingriffe sollten die Ultima Ratio bleiben. Mit Hilfe von Leitzinsenkungen und neuen Finanzierungsfenstern bei der Notenbank versuchte die Regierung, die Wirtschaft zu stimulieren. Als sich die Krise 2008 jedoch zuspitzte, obsiegte pragmatisches Krisenmanagement über ideologische Bedenken. Im März 2008 unterstützte die *Federal Reserve* die Übernahme der Investmentbank *Bear Stearns* durch *JPMorgan Chase* und verhinderte so deren kompletten Zusammenbruch. Schon bald folgten weitere Eingriffe: Um größere Unruhen auf den Finanzmärkten zu vermeiden, übernahm die Regierung Anfang September die vorläufige Kontrolle über die angeschlagenen Hypothekenfinanzierer *Fannie Mae* und *Freddie Mac*. Kurz darauf verabschiedete der Kongress das *Troubled Assets*

*Relief Program* (*TARP – Programm zur Unterstützung schwieriger Anlagen*), ein 700 Milliarden Dollar schweres Rettungspaket für den Finanzsektor. Die Krise setzte dem Laissez-faire der Regierung Bush ein jähes Ende.

Die wirtschaftliche Lage war nicht nur das dominierende Thema des Präsidentschaftswahlkampfs 2008. Die Finanz- und Wirtschaftskrise bestimmte auch die ersten zwei Jahre der Präsidentschaft Barack Obamas. Auf einer Pressekonferenz anlässlich der ersten 100 Tage seiner Präsidentschaft versprach Obama, dass es keine Rückkehr zur alten Wirtschaftsordnung geben werde: »Wir können nicht zu einer Wirtschaft zurückkehren, die auf Sand gebaut war«, also auf »aufgeblähten Häuserpreisen und überzogenen Kreditkarten, auf Banken ohne ausreichende Eigenkapitaldecke und überholten Regeln zur Aufsicht, die Einzelnen eine Rücksichtslosigkeit erlaubt, die den Wohlstand aller gefährdet.« Nur wenige Tage nach Obamas Amtsübernahme verabschiedete der Kongress ein 787 Milliarden Dollar schweres Konjunkturpaket. Im Sommer 2010 leitete der Kongress mit dem *Wall Street Reform and Consumer Protection Act* (Gesetz zur Reform der Wall Street und zum Schutz der Verbraucher) die größte Reform des Finanzsektors seit den Reformgesetzen der 1930er Jahre ein. Um das Risiko zukünftiger Krisen und Verwerfungen auf den Finanzmärkten mit all ihren negativen Auswirkungen auf die Realwirtschaft zu verhindern, werden die Finanzmärkte fortan strengeren Regeln unterworfen und strikter überwacht.

Wenn die Anschläge des 11. Septembers schon keine Zäsur in der Wirtschafts-, Steuer- und Finanzpolitik nach sich zogen, waren allerdings in der Handels- und Strukturpolitik durchaus Veränderungen spürbar – vor allem in Form verstärkter Sicherheitsmaßnahmen. Denn der Wunsch nach mehr Sicherheit gewann im Zuge des 11. September erheblich an Bedeutung; Firmen und Haushalte verschärften ihre Sicherheitsvorkehrungen. Auch wurde die Wirtschaftspolitik enger mit der Sicherheitspolitik verzahnt. So ergriff die Bush-Regierung Maßnahmen gegen Geldwäsche und Terrorismusfinanzierung außerhalb der USA. In anderen Bereichen jedoch versuchte sie gleichzeitig, die Mehrkosten für die höheren Sicherheitsmaßnahmen nicht selbst tragen zu müssen. Die Regierung unterstützte im Inland private Initiativen zum Schutz kritischer Infrastruktur; im internationalen Güterverkehr wälzte sie die gestiegenen Kosten für den Schutz der eigenen Landesgrenzen auf die ausländischen Handelspartner ab, um die eigene Wirtschaft zu schonen. Allerdings sind auch all diese Maßnahmen kein Indikator für einen Richtungswechsel der Politik, sondern verschärften bereits bestehende Trends.

Besonders die kritische Infrastruktur, also Einrichtungen oder Netze etwa zur Energieerzeugung und -verteilung, deren Störung gravierende Auswirkungen auf das effiziente Funktionieren der Wirtschaft und Regierung der USA hätte, wurden stärker gegen terroristische Anschläge abgesichert. Schon unter Präsident Clinton wurden verschiedene Maßnahmen zu ihrem Schutz erlassen, die sich jedoch hauptsächlich auf die Kompetenzstruktur der Behörden beschränkten. Die Terroranschläge vom 11. September riefen jedoch die Bedrohungslage verschärft ins politische Bewusstsein. Kurz nach 9/11 schufen die USA das Heimatschutzministerium, dessen Aufgabe unter anderem die Erstellung und Durchführung einer nationalen Sicherheitsstrategie ist. Dieses wurde 2003 damit beauftragt den *National Infrastrucure Protection Plan* (Plan zum Schutz nationaler Infrastruktur) zu erstellen, der sich speziell der Sicherung der kritischen Infrastruktur widmet.

Dieser erstmals 2006 vorgelegte Plan betonte, dass die Sicherung der kritischen Infrastruktur in den USA vor drei Herausforderungen steht: Erstens sind diese nicht auf einen Sektor beschränkt, sondern umfassen eine weite Spannbreite an wirtschaftlichen Sektoren, so zum Beispiel das Banken- und Finanzwesen, den Transportsektor, den Agrar- und Nahrungsmittelsektor sowie den Energiesektor. Dadurch ist die Kompetenz für diese unterschiedlichen Teile der US-Wirtschaft auf verschiedene Behörden aufgeteilt; dies erschwert die Koordination erheblich, auch wenn die Kooperation durch die Einrichtung des Heimatschutzministeriums zumindest verbessert wurde. Zweitens ist die geografische Konzentration der kritischen Infrastruktur in den USA problematisch. Ölraffinerien zum Beispiel sind zu 43 Prozent an den Küsten von Texas und Louisiana konzentriert, 31 Prozent der Produktion von Marineschiffen findet in Norfolk (Virginia) statt, und über 37 Prozent der Bahnfracht wird über Illinois abgewickelt, hauptsächlich über Chicago. Naturkatastrophen wie die Hurrikane Rita und Katrina (2005) bestätigten die grundsätzliche Verwundbarkeit der regional konzentrierten kritischen Infrastruktur in den USA. Drittens befinden sich etwa 85 Prozent der kritischen Infrastruktur-Einrichtungen in privater Hand. Daher kann ihr Schutz vom Staat nur indirekt gesteuert werden. Die Zusammenarbeit von öffentlichen Einrichtungen und privaten Firmen gestaltet sich dabei nicht immer reibungslos. Firmen zögern, der öffentlichen Hand unbegrenzt Auskunft zu erteilen, da sie fürchten, dass Informationen an Konkurrenten fließen könnten. Gleichzeitig sind für Firmen Investitionen in den Schutz kritischer Infrastruktur wenig attraktiv, weil die Kosten hoch und die Risiken schwer einzuschätzen sind. Mit finanziellen Fördermitteln versucht das Heimatschutzministerium daher, privaten Firmen einen Anreiz zu geben, sich stärker am Schutz der kritischen Infrastruktur zu beteiligen – auch wenn Kritiker die finanziellen Mittel als nicht ausreichend bewerten.

Neben der kritischen Infrastruktur setzte die Regierung Bush einen Schwerpunkt bei der Sicherheit im Handel. Im Mittelpunkt standen die Häfen, gelten sie doch als Achillesferse der US-Wirtschaft. Rund 75 Prozent (gemessen am Wert) der nicht aus Mexiko oder Kanada importierten Waren erreichen die USA auf dem Seeweg; nur ein geringer Teil davon wird im Bestimmungshafen in den USA überprüft. Aus Angst vor terroristischen Anschlägen, etwa durch präparierte Container, wurde im Jahr 2002 die *Container Security Initiative* (Sicherheitsinitiative für Container) eingeführt. Demnach sollte Containerfracht nicht erst beim Einlaufen der Schiffe in amerikanische Häfen kontrolliert werden, sondern zu Beginn der Transportkette: beim Verladen am Abfertigungshafen oder sogar schon beim Exporteur selbst. Ende Juli 2007 verabschiedete der Kongress ein umfassendes Gesetz zu Sicherheitsmaßnahmen im Frachtverkehr, das die *Container Security Initiative* deutlich verschärfte. Dem neuen Containersicherheitsgesetz zufolge sollte fortan statt einzelner Container die gesamte Seefracht mit Zielhäfen in den USA spätestens vom 1. Juli 2012 an in den Abgangshäfen vollständig durchleuchtet werden. Spätestens 2012 sollte auch für die Luftfracht eine vollständige Sicherheitsprüfung verbindlich sein. In bestimmten Ausnahmesituationen ist eine Fristverlängerung über den 1. Juli 2012 hinaus möglich.

Das Gesetz zog heftige Kritik seitens der Handelspartner der USA nach sich, da die US-Regierung hiermit versuchte, die Kosten der eigenen Sicherheit ins Ausland zu verlagern. Der Kritik an zusätzlichen Kosten hielt die Regierung Bush entgegen, dass ein Anschlag, der womöglich einen Stopp des Frachtverkehrs nach sich ziehen würde, die Handelspartner deutlich teurer zu stehen käme. Allerdings ist mittlerweile auch die amerikanische Zoll- und Grenzschutzbehörde zu dem Ergebnis gekommen, dass die Umsetzung dieser Bestimmungen Schwierigkeiten mit sich bringt. So sagte Obamas Heimatschutzministerin Janet Napolitano im März 2009: »Ich habe Zweifel, dass der Plan eingehalten werden kann, dieses Ziel wie vorgesehen bis 2012 zu erreichen.« Damit harrt das wohl strengste Gesetz der Regierung Bush zu Sicherheit im Handel noch seiner Umsetzung.

Nach dem 11. September wurde jedoch nicht nur die Fracht einer stärkeren Kontrolle unterworfen. Auch die Einreise von Personen wurde fortan stärker kontrolliert. Während vor den Anschlägen vor allem die illegale Einwanderung aus Mexiko verhindert werden sollte, wurden nach den Anschlägen die Kontrollen an sämtlichen Grenzen Amerikas verschärft. Den Schwerpunkt legte das Heimatschutzministerium dabei auf die Verbesserung der Vernetzung von Datenbanken und auf das Verhindern der Einreise von verdächtigen Personen in die USA. 2004 wurde die *Visitor and Immigration Status Indication Technology* (*US-VISIT* – Technologie zur Überwachung des Besucher- und Einwanderungsstatus) an allen US-Flughäfen eingeführt, wo internationale Flüge landen. Unter *US-Visit* werden die Fingerabdrücke aller Einreisenden erfasst und mit denen bekannter Terroristen und Krimineller verglichen. Die USA verlangen seit 2006 auch, dass Einreisende einen biometrischen Pass besitzen. Seit 2009 müssen Einreisende sich darüber hinaus durch das *Electronic System for Travel Authorization* (*ESTA* – Elektronisches System zur Reiseerlaubnis) vor der Abreise in die USA registrieren lassen. Neue Bestimmungen für internationale Studierende sowie verschärfte Kontrollen bei der Visa-Vergabe, die zu langen Verzögerungen insbesondere bei Besuchern aus muslimischen Ländern führten, bewirkten zwischen 2001 und 2007 einen Rückgang der Zahl ausländischer Studierender in den USA. Eine weitere Komponente des *US-Visit*-Systems, das die Ausreise von Menschen aus den USA erfassen sollte, ist bis heute nicht über ein Pilotprojekt hinausgekommen, weil der Nutzen eines solchen Systems seine Kosten vermutlich nicht rechtfertigt.

Bei der Sicherheit an den Grenzen verfolgen die USA ähnlich wie bei der Sicherung der Häfen eine Politik der Vorverlagerung der Grenze. Dabei werden die Daten der Passagiere schon vor der Abreise in die USA mit verschiedenen Datenbanken sowie der *No Fly List* (Flugverbotsliste) und der *Terrorist Watch List* (Terroristen-Beobachtungsliste) abgeglichen. Kritische Stimmen in den USA und weltweit bemängeln den fehlenden Schutz der Daten, welche die Passagiere bei der Einreise angeben müssen, sowie die mangelnde Transparenz der *No Fly List*, welche auch schon unschuldige Passagiere in Schwierigkeiten gebracht hat, weil ihre Namen denen von Terrorverdächtigen glichen. Die Auswirkungen der Sicherheitsmaßnahmen auf die US-Tourismusbranche werden ebenso beklagt. Immerhin ist Tourismus ein wichtiger Wirtschaftsfaktor für die USA. Laut einer Studie des amerikanischen Wirtschaftsministeriums tragen internationale Besucher in den USA merklich zum Steueraufkommen bei – jährlich ungefähr 17 Milliarden Dollar – und stützen etwa 1,1 Millionen Arbeitsplätze. Die Zahl der internationalen Gäste ist zwar seit 2001 wieder gestiegen, dies liegt jedoch hauptsächlich an einer Zunahme kanadischer Besucher. Dahingegen sind die Besucherzahlen aus Übersee – das heißt, aus allen Ländern außer Kanada und Mexiko – nach 2000 gesunken und haben auch bis 2009 nicht wieder ganz das Niveau von 2000 erreicht. Sicherlich gibt es hierfür auch andere Gründe wie die Wirtschafts- und Finanzkrise 2008/2009. Hauptverantwortlich für diesen Trend dürften jedoch die gestiegenen bürokratischen Hürden bei der Einreise in die USA sein (von denen kanadische Touristen weitgehend ausgenommen sind).

Nicht zuletzt wandte sich die US-Regierung nach dem 11. September verstärkt dem Problem der Geldwäsche und Terrorismusfinanzierung zu. Neue Gesetze erlaubten es den USA, die finanziellen Ressourcen und Bankkonten all derjenigen einzufrieren, die im Verdacht standen, einer terroristischen Vereinigung anzugehören oder diese zu unterstützen. Unter dem *US Patriot Act* war es nun zudem illegal, Gelder zu transportieren oder zu übermitteln, die zu einer Straftat verwendet werden sollten oder aus einer Straftat stammten. Desweiteren mussten sich von nun an auch Kreditgeber, die keiner Bank angehören, nach staatlichen Lizenz-Bestimmungen richten. Sowohl das FBI als auch das Justizministerium und das Finanzministerium richteten

Büros ein, die sich speziell mit Terrorismusfinanzierung befassen. Eine vom Finanzministerium herausgegebene Liste benennt Personen und Staaten, mit denen US-Staatsbürger keine Geschäfte machen dürfen. Dabei interpretiert das US-Finanzministerium diese Regelung äußerst streng: Auch internationale oder ausländische Banken dürfen für amerikanische Kunden oder Banken keine Geschäfte mit diesen Personen oder Staaten abwickeln. So wurde die niederländische Bank *ABN Amro* von der US-Regierung mit einer Strafe von 80 Millionen Dollar belegt, weil sie gegen die US-Sanktionen gegen Libyen und den Iran verstoßen hatte. Um ähnliche Sanktionen zu vermeiden, konsultieren nun auch ausländische Banken die besagte Liste und passen sich somit der US-Gesetzgebung mehr oder minder freiwillig an. Private Banken und Finanzfirmen sind in den USA außerdem verpflichtet, verdächtige Zahlungen und Aktivitäten den Behörden zu melden. Die Ausgaben, die Banken und Finanzfirmen für die Einhaltung der Gesetze aufwenden, haben sich zwischen 2004 und 2007 in 55 Bezirken um 58 Prozent erhöht. Jedoch sind laut einer Umfrage von *KPMG International* 98 Prozent der Firmen mit dem erhöhten Kosten- und Arbeitsaufwand einverstanden. Allerdings bleibt den Firmen auch keine Alternative, wenn sie sich den Zugang zum lukrativen US-Markt weiterhin erhalten möchten.

Obwohl also einige Sicherheitsmaßnahmen im Handel verschärft wurden, hat der 11. September die Wirtschaftspolitik der USA insgesamt nicht grundlegend verändert. Die Fiskal- und Geldpolitik waren bereits expansiv, wenn sie auch infolge der Anschläge noch einmal expansiver wurden. Steuersenkungen waren schon vor dem 11. September geplant, und die *Federal Reserve* hatte bereits die Zinsen gesenkt. Dass dieser Kurs nach 9/11 angesichts der wirtschaftlichen Unsicherheiten beibehalten wurde, überrascht wenig, auch wenn den dauerhaft niedrigen Zinsen heute eine Mitschuld an der Finanz- und Wirtschaftskrise 2008 zugeschrieben wird. Die ideologische Grundhaltung der Regierung änderte sich infolge der Terroranschläge nicht. Der Staat sollte sich so weit wie möglich aus der Wirtschaft heraushalten, auch wenn fortan Sicherheitspolitik für die Wirtschaft eine größere Rolle spielte. Kennzeichen der Wirtschaftspolitik waren denn auch Deregulierung und Laissez-Faire. Dies änderte sich erst im Herbst 2008, als der US-Finanzmarkt nur durch umfassende staatliche Interventionen vor einem kompletten Zusammenbruch bewahrt werden konnte. Nicht der 11. September, sondern die Wirtschafts- und Finanzkrise führten somit zu einem Richtungswechsel in der Wirtschaftspolitik der USA: Von Laissez-faire zu Interventionismus, von Hands-off zu Hands-on, von Deregulierung zu Re-Regulierung. Und selbst dieser Richtungswechsel wird womöglich nur von kurzer Dauer sein.

*Stormy-Annika Mildner und Kirsten Verclas*

### ZUM WEITERLESEN

Bierling, Stephan. »Die US-Wirtschaft unter Bush«. *Aus Politik und Zeitgeschichte* 45 (2004).

Krugman, Paul. *Die neue Weltwirtschaftskrise.* Frankfurt/Main: Campus, 2009.

Mildner, Stormy-Annika und Danko Knothe. *Abschied vom Benign Neglect? Auf dem Weg zu einer neuen Finanzmarktordnung in den USA.* SWP-Studie, August 2009.

Schreyer, Söhnke und Jürgen Wilzewski (Hrsg.). *Weltmacht in der Krise: Die USA am Ende der Ära George W. Bush.* Trier: WTV, 2010.

Sinn, Hanns-Werner. *Kasino Kapitalismus.* Berlin: Econ Verlag, 2009

**MÄNNER** 1. Mai 2003, wenige Meilen vor der Küste Kaliforniens: Präsident George W. Bush, gerade noch am Steuer eines S-3B Viking Jets, grüßt die über 5000 Mann starke Besatzung der *USS Abraham Lincoln*. Nach einer spektakulären Landung mit Fangseilen, die allerdings von einem erfahrenen Piloten ausgeführt wurde, lässt Bush sich als Oberbefehlshaber der Streitkräfte auf dem Flugzeugträger feiern. Das Schiff ist in den vergangenen zehn Monaten die Basis für mehr als 16.000 Einsätze in den Kriegen in Afghanistan und im Irak gewesen und kehrt nun in die Heimat zurück. Die Bilder eines strahlenden Präsidenten in Pilotenmontur und Siegerpose gehen um die Welt. Abends hält Bush unter einem Banner mit dem Schriftzug »Mission Accomplished« (»Auftrag erfüllt«) jene Rede, mit der er nach nur sechs Wochen die Hauptkampfhandlungen im Irak für beendet und den Krieg für gewonnen erklärt. Diese Rede zum »Ende des Krieges« inmitten seiner Soldaten gilt als Gegenstück zu der Ansprache, die Bush im Kreis der Feuerwehrmänner am 14. September 2001 hielt. Als er auf den Trümmern des World Trade Centers durch ein Megaphon verkündete, dass die Menschen, die diese Zerstörung angerichtet hatten, »noch von Amerika hören« sollten, demonstrierte Bush – gleichsam als »Held« unter den »Helden« des 11. September – politische Führungsstärke und kaum verhohlen kriegerische Entschlossenheit. Die beiden Szenen markieren symbolisch und medial wirksam »Anfang« und »Ende« eines erfolgreichen Kriegs gegen al-Qaida und ihre Unterstützer.

Der Hauptzweck von George W. Bushs Auftritt auf der *USS Lincoln* war die Erzeugung von Bildern: Bilder einer siegreichen Armee, mit denen die Zustimmung der Bevölkerung zu militärischen Einsätzen im »Krieg gegen den Terror« gesichert werden sollte und Bilder eines siegreichen Präsidenten, von dessen Erfolgen seine Wiederwahl im darauffolgenden Jahr abhängen würde. Wenige Wochen später kritisierten Bushs Gegner angesichts der weiter wachsenden Zahl gefallener amerikanischer Soldaten im Irak den Inhalt seiner Rede und das Banner »Mission Accomplished« als zynisch und stellten so seine Glaubwürdigkeit als Oberbefehlshaber grundsätzlich in Frage. Direkt nach Bushs Auftritt konzentrierte sich die öffentliche Diskussion jedoch bezeichnenderweise auf die Dramatik der Inszenierung und weniger auf die rhetorische Beendigung des Krieges. Es wurde nach dem Effekt der Bilder gefragt und danach, ob es legitim sei, solche Bilder mit dem Ziel des politischen Machterhalts bewusst zu inszenieren und zu verbreiten. Während einige Kommentatoren diese »großartigsten Bilder aller Zeiten« (Bob Schieffer) offen bewunderten, sprachen Kritiker Bushs von dem »dreistesten Fall präsidentiellen Theaters in der amerikanischen Geschichte« (Elisabeth Bumiller). Auch aus deutscher Sicht mögen der Personenkult und das mediale Spektakel derart übertrieben wirken, dass sie den Präsidenten eher lächerlich denn als politische Führungspersönlichkeit erscheinen lassen. Die amerikanische Öffentlichkeit sah dies anders: In einer landesweiten Umfrage der *New York Times* vom 9. Mai gaben immerhin 59 Prozent der Amerikaner an, Bushs Auftritt auf der *USS Lincoln* sei richtig und dem Anlass angemessen gewesen.

Bemerkenswert an den Bildern von Bushs Besuch auf der *USS Lincoln* ist vor allem die Art, wie der Präsident physisch in Szene gesetzt wurde. Er präsentierte sich nicht nur als siegreicher Oberbefehlshaber und Fliegerpilot, sondern auch als Potenzprotz mit auffällig gut gefüllter Hose. Bushs Berater stützten sich bei dieser Inszenierung wohl – und wie der Erfolg zeigt auch zu Recht – auf die Annahme, dass die Amerikaner, wie der TV-Moderator Chris Matthews noch am selben Tag formulierte, »es lieben, einen Mann zum Präsidenten zu haben«, und zwar einen, der »körperlich ist«. Kommentatoren, die Bush politisch wohlgesinnt waren, wurden nicht müde, immer wieder lobend auf die augenscheinliche Größe seines »besten Stücks« hinzuweisen; Gordon Liddy ging so weit zu verkünden, dass alle Frauen, die behaupteten, dass »die Größe keine Rolle spielt«, unverschämte Lügnerinnen seien und der Präsident mit diesen Bildern »die Stimme jeder einzelnen Frau in den USA« gewonnen habe. Bushs körperliche Virilität sollte hier auf nahezu absurde Weise für seine politische und militärische Durchsetzungskraft bürgen.

Bushs betont maskulines Auftreten am 1. Mai folgte dabei ganz den Vorbildern Hollywoods. Der selbstgewisse Gruß, das strahlende Lachen und der feste dynamische Schritt, mit denen Bush sich als Pilot vor seiner Mannschaft präsentierte, erinnern in verblüffender Weise an die mehrfach wiederholte Einstellung in *Top Gun*, die den Eliteflieger »Maverick« bei der Rückkehr von Luftgefechten gegen russische MiGs zeigt. Der Kassenschlager mit Tom Cruise in der Hauptrolle begründete in den achtziger Jahren den Mythos um die amerikanische Fliegerschule »Top Gun« an der Westküste der USA und zelebrierte ein männliches Heldentum, das sich durch gestählte Körper, militärische Aggressivität, ungebremste Risikobereitschaft und sexuelle Potenz auszeichnet. Bushs Kriegermontur, die sein Geschlechtsteil deutlich ausstellte, wurde so zum Sinnbild des Männlichkeitsethos von *Top Gun*: Die Fähigkeiten des Helden, Frauen zu erobern und gleichzeitig vor gegnerischen Angriffen zu beschützen, erscheinen untrennbar miteinander verbunden. Dieser Zusammenhang von sexueller Potenz und militärischem Heldentum ist zentral für traditionelle Vorstellungen von Männlichkeit und wird von Chris Matthews noch einmal unterstrichen, wenn er sagt: »Frauen lieben einen richtigen Mann als Präsidenten. Frauen lieben diesen Krieg.«

Bushs ikonisch gewordener Auftritt ist nur ein Beispiel für die mediale Präsenz besonders »männlicher« Männer nach dem 11. September. Wie die Publizistin Susan Faludi in ihrer Studie *The Terror Dream* (Der Terror-Traum) gezeigt hat, begab sich die amerikanische Nation in den Jahren nach den Anschlägen auf die Suche nach Helden und verfiel in eine bedingungslose Bewunderung der Hyper-Maskulinität von Superman oder Cowboys. In den Wochen unmittelbar nach dem 11. September betrieben die Medien einen geradezu schwärmerischen Kult um den muskelbepackten Feuerwehrmann, der dank seiner körperlichen Kraft Menschenleben rettet. Dass es sich dabei nicht nur um ein physisches, sondern auch um ein sexualisiertes Ideal von Männlichkeit handelt, machten nachfolgend eine Unzahl von Feuerwehrmann-Pinups augenfällig. Auf der politischen Führungsebene wurden neben Bush auch Verteidigungsminister Donald Rumsfeld – »The Stud« (der Deckhengst) genannt und vom Magazin *People* zum »sexiest man alive« erklärt – und New Yorks Bürgermeister Rudy Giuliani zu sexuell potenten Helden stilisiert. Und so erschien denn auch der Präsidentschaftswahlkampf 2004 vor allem als ein Triumph des männlichen Kämpfers Bush, der seinen Kontrahenten John Kerry als schwächlichen »girlie man« (Mädchen-Mann) verspottete.

Der Erfolg des von George W. Bush verkörperten Modells von Männlichkeit ist auf eine Krise der Männlichkeit zurückzuführen, die durch die Anschläge des 11. September offensichtlich wurde. Al-Qaida, so wurde wieder und wieder betont, konnte Amerika überhaupt nur deswegen erfolgreich angreifen, weil das Land und seine Männer »weich« – mit anderen Worten: zu »weiblich« – geworden waren. Kommentatoren warnten daher in alarmistischer Manier vor der fortschreitenden »pussification« (Muschifizierung) und »sissification« (Verschwuchtelung) des amerikanischen Mannes, die Osama bin Laden und seinen Kriegern Tür und Tor geöffnet habe. Die Zurschaustellung männlicher Potenz eines

George W. Bush und seiner Geschlechtsgenossen nach dem 11. September muss somit als der Versuch begriffen werden, einen Potenzverlust am Ground Zero und auf den Schlachtfeldern in Afghanistan und im Irak zu kompensieren.

Waren aber die Ereignisse des 11. September der einzige Grund für diese Rückkehr zu traditionellen männlichen Rollenmustern oder spielten auch andere Faktoren eine Rolle? Und wenn solche Vorstellungen von Männlichkeit wieder salonfähig, gar zu einem Kriterium für Wählbarkeit und zum Indikator von Führungsqualitäten wurden, wie wirkte sich das auf die Situation von Frauen in der Gesellschaft aus? Wurden damit Frauen aus Machtpositionen und aus anderen sogenannten Männerdomänen, wie der Feuerwehr, der Polizei oder dem Militär verdrängt? Haben wir es also nach dem 11. September mit einer kategorialen Kehrtwende zu tun, die die Errungenschaften der Frauenbewegung seit den 1970er Jahren zunichte gemacht hat?

Tatsächlich ging die massive Inszenierung von Hyper-Maskulinität nach dem 11. September mit der Einschränkung weiblicher Teilhabe am öffentlichen Leben einher. Dies betraf zum einen Frauen in den Medien, die von der nationalen Meinungsbildung fast vollständig ausgeschlossen oder, wenn sie sich wie beispielsweise Susan Sontag kritisch zu Wort meldeten, mit der Unterstellung intellektueller Unzulänglichkeit mundtot gemacht werden sollten. Zum anderen ist in der Dekade nach 2001 ein prozentualer Rückgang von Frauen in »Männerberufen« zu verzeichnen. Diese Entwicklung ist nicht überraschend, denn die Kehrseite der Behauptung eines traditionellen Männlichkeitsbildes ist, dass Männer nur im Vollbesitz ihrer Virilität sein können, solange Frauen sich durch Passivität und Häuslichkeit auszeichnen, als Objekte männlichen Schutzes gelten und Männern ihre vermeintlich »männlichen« Eigenschaften, Fähigkeiten und Handlungsspielräume nicht streitig machen. Insofern setzte nach dem 11. September eine Entwicklung ein, die eine Verfestigung traditioneller Geschlechterrollen bewirkte und der feministische Stimmen zu Recht entgegengetreten sind. Allerdings wiederholte sich mit dieser Welle der Re-Maskulinisierung lediglich eine Dynamik, die sich in den USA seit dem ausgehenden 19. Jahrhundert immer wieder beobachten lässt: Auf eine gefühlte »Krise der Männlichkeit« folgt eine Phase, in der traditionelle Rollenbilder lautstark propagiert werden und die Krise durch eine bewusste Inszenierung von Männern als »männlich« überspielt wird.

Männlichkeitskrisen werden bezeichnenderweise immer dann konstatiert und mit Hyper-Maskulinität beantwortet, wenn sich die Nation mit Problemen konfrontiert sieht, die Gefahr und Überforderung bedeuten, zum Beispiel Krieg, Terror oder wirtschaftlicher Zusammenbruch. Die maskulinen Ideale von Stärke, Kontrolle, Ernährer- und Beschützerrolle und der tatsächliche Handlungsspielraum des Einzelnen klaffen in solchen Momenten besonders eklatant auseinander. Solche Krisen entstehen seit dem 19. Jahrhundert immer aus dem Zusammenspiel mit zwei weiteren Faktoren: einerseits der »Verweiblichung« der Arbeitswelt, in der der Mann vom körperlichen arbeitenden Bauern auf seiner Scholle zum abhängigen, entkörperlichten Angestellten geworden ist, der vor seinem Computer kauert; andererseits der wachsenden Teilhabe von Frauen an der Erwerbswelt und am öffentlichen Leben, die gleichzeitig von diesen verstärkt eingefordert wird. Auch außerhalb Amerikas werden deshalb immer wieder Krisen der männlichen Identität beschrien. In den USA aber scheint mit einer Männlichkeitskrise immer zugleich die gesamte Nation auf dem Spiel zu stehen, und die kompensatorische Feier des »männlichen Mannes« und der Männlichkeit von Entscheidungsträgern fällt besonders exzessiv aus.

Diese zentrale Rolle von Männlichkeitsmythen für die nationale Identität der USA kann mit der bis heute anhaltenden Bedeutung der »frontier« (Grenze) erklärt werden. Bereits im Jahre 1893 beschrieb Frederick Jackson Turner das Ziel, die Grenze der USA bis an die Westküste des Kontinents voranzuschieben als das zentrale Moment, über das sich die amerikanische Nation im 19. Jahrhundert definiert hatte. Das »closing of the frontier«, das Schließen der Grenze nach Westen, war 1890 erreicht, als das Gebiet zwischen Atlantik und Pazifik erstmals durchgehend von europäischen Einwanderern besiedelt war. Die Aufgabe, die »frontier« physisch bis an den Pazifik zu treiben, und damit auch die tägliche, direkte und körperliche Konfrontation des »settler« (Siedler) mit den geographischen, klimatischen und infrastrukturellen Herausforderungen einer solchen Besiedlung wurden prägend für das nationale Selbstverständnis. Zwischen 1860 und 1890, als sich Europa bereits flächendeckend in einer Phase der Industrialisierung und Verstädterung befand, war Amerikas zentrales Projekt dasjenige der Landnahme und territorialen Erschließung. Gleichzeitig förderten Industrialisierung und Verstädterung im Nordosten eine Fleischnachfrage, die von »ranchers« (Viehzüchtern) auf den Great Plains von Texas bis North Dakota bedient wurde. Um das Fleisch auf die Märkte in den Nordosten zu bringen, mussten die freilaufenden Rinderherden von Cowboys zu Eisenbahnstationen getrieben werden. Von Texas bis zu den nächsten Verladeplätzen in Kansas dauerte so ein Viehtrieb sechs bis acht Wochen. In der Periode zwischen Bürgerkrieg und Jahrhundertwende bildeten sich so zwei nationale Idealbilder von Männlichkeit heraus: der Siedler und der Cowboy. Während sesshafte Siedler und nomadische Cowboys in der Realität durchaus miteinander in Konflikt standen und um die Vorherrschaft im Westen rangen, stehen beide für eine Männlichkeit, die physische Kraft, Mut, Zähigkeit, den Kampf gegen die Elemente und den Schutz von Frauen und Kindern gegen Feinde und Gefahr betont. In den USA orientieren sich traditionelle Ideale von Männlichkeit somit noch immer an Rollen, die für die Erschließung des Westens notwendig waren.

Eine erste Phase des grassierenden Gefühls der Entmännlichung setzte gegen Ende des 19. Jahrhunderts im amerikanischen Nordosten ein, wo für den Großteil der Amerikaner körperliche Stärke und Aggressivität überflüssig geworden waren. Im »Vergoldeten Zeitalter« versank die Elite in Luxus und Dekadenz, Männer der breiter werdenden Mittelschicht arbeiteten nicht mehr in Landwirtschaft oder Produktion, sondern im Kontor und am Schreibtisch, die Frauen- und insbesondere die Frauenwahlrechtsbewegung erstarkte und forderte die Beteiligung von Frauen am öffentlichen Leben. Gleichzeitig wurde die Besiedlung des Westens vollendet; die »frontier« verschwand und mit ihr die Identifikationsfigur des Siedlers, der Naturgewalten und Feinden mutig entgegentrat. Mit dem Ausbau des Eisenbahnnetzes endete auch der Viehtrieb über die Weiden des Westens, und der Cowboy wurde zum Ausbesserer von Weidezäunen degradiert. Mit anderen Worten: Die Nation und die Geschlechterverhältnisse waren im Umbruch.

Bei Männern und Frauen wurde nun häufiger die Zivilisationskrankheit der »Neurasthenie« diagnostiziert. Nervöse Erschöpfung, Schwindel und Hyper-Sensibilität waren die Symptome dieser modernen Malaise, die bei beiden Geschlechtern als Folge der Verstädterung und des Ausscherens aus den »natürlichen« Geschlechterrollen gedeutet und dementsprechend therapiert wurde. Während Frauen die sogenannte »Rest Cure« (Ausruh-Kur) verordnet wurde, die in Bettruhe und strikter Häuslichkeit bestand, schickten Ärzte die Männer zur »West Cure« (West-Kur). Auf Rinderfarmen und in speziell eingerichteten Abenteurer-Camps – zum Beispiel in Wyoming, wie im Falle des ersten Western-Autors Owen Wister, der eine solche »West Cure« in seinem Roman *The Virginian* (1902) beschreibt, oder in Nord- und Süd- Dakota, wie im Falle Theodore Roosevelts, der auf die »West Cure« schwor – stürzten sich Schreibtischarbeiter aus dem Nordosten zeitweise in Aktivitäten wie Reiten, Jagen, Fischen, Bergsteigen, Zelten, Viehzucht, Landwirtschaft oder Holzfällen. In den Jahrzehnten um die Jahrhundertwende wurden außerdem Organisationen gegründet, in denen sich

Männer gemeinsam in Natur und Wildnis begaben, wie der Appalachian Mountain Club oder der Sierra Club. Auch die Boy Scouts (Pfadfinder), die Jungen für ein Leben in der Natur physisch und charakterlich ausbilden sollten, stammen aus dieser Zeit.

Das zeitlich begrenzte und rein spielerische Ausleben von körperlicher Kraft und Geschick in einer potenziell feindlichen Umwelt sowie das Überzeichnen dieser »männlichen« Körperlichkeit, zum Beispiel im neuen Genre des Westerns oder der Selbstdarstellung Theodore Roosevelts als »harten Mann«, entsprechen genau George W. Bushs Kurzausflug an das Steuer eines Kampfjets und sein öffentliches Auftreten in eng sitzender Pilotenmontur ein Jahrhundert später. Am Beispiel der »West Cure« und des verbreiteten Abenteurertums des ausgehenden 19. und frühen 20. Jahrhunderts wird zudem augenfällig, dass es sich bei Inszenierungen von Männlichkeit als körperlicher Stärke in der Moderne um eine Rückkehr zu einem historisch eigentlich nutzlos gewordenen Modell handelt: Der Siedler, der Cowboy und die Herausforderungen, die sie zu bewältigen hatten, existieren nicht mehr, dennoch kehrt man rituell immer wieder zu ihnen zurück und sucht in ihnen die Lösung aktueller Probleme.

Ein ähnliches Moment der nationalen Verunsicherung, der Männlichkeitskrise und der kompensatorischen Beschwörung des männlichen Helden lässt sich in den 1950er Jahren beobachten. Zwar sollte man meinen, dass es nach dem an beiden Fronten gewonnenen Zweiten Weltkrieg und der damit verbundenen Weltmachtrolle der USA keinen Grund hätte geben dürfen, warum Amerika sich verletzlich fühlte. Wie jedoch der Historiker Paul Boyer in seiner Studie *By the Bomb's Early Light* (Im frühen Lichte der Bombe) gezeigt hat, war die amerikanische Nation – obwohl sie selbst die ersten Atombomben über Hiroshima und Nagasaki abgeworfen hatte – von der existentiellen Angst vor einem Atomkrieg besessen. 1949 glaubten laut

Gallup-Umfrage 57 Prozent der Amerikaner, dass es noch im kommenden Jahrzehnt einen solchen Weltkrieg geben werde; nach der erfolgreichen Zündung einer sowjetischen Bombe im selben Jahr verschärfte sich diese Angst. Gleichzeitig durchlebten amerikanische Männer, die in Europa und im Pazifik gekämpft hatten, die Entkörperlichung, die sich als historische Entwicklung der Arbeitswelt zuvor über Generationen hinweg vollzogen hatte, noch einmal im Schnelldurchlauf am eigenen Leibe. Eben noch auf das physische Überleben im Kampf gedrillt, fanden sie sich nach Kriegsende vor Aktenordnern in klimatisierten Büros wieder. Im wirtschaftlichen Boom der 1950er Jahre wuchs außerdem die Mittelschicht weiter, prozentual gingen immer weniger Männer einer körperlichen Arbeit nach. Zu dem verbreiteten Gefühl, nach den existentiellen körperlichen Erfahrungen an der Front völlig sinnentleerten Tätigkeiten in der heimischen Arbeitswelt nachzugehen, kam die fast verzweifelte Getriebenheit zu beruflichem und finanziellem Erfolg. Genau von diesen Problemen handelt beispielsweise Sloan Wilsons überaus erfolgreicher Roman *Der Mann im grauen Anzug* von 1955, der ein Jahr später mit Gregory Peck verfilmt wurde.

Auf diese neuerliche Verunsicherung des amerikanischen Mannes zielte der Historiker Arthur Schlesinger Jr., als er 1949 in seinem Manifest *The Vital Center* (Die kritische Mitte) vor der Infiltration durch Kommunisten warnte, würde sich der amerikanische Mann weiterhin so »weich« zeigen wie zur Stunde. Fast zehn Jahre später, 1958, rief Schlesinger im *Esquire* die nächste »Krise der amerikanischen Männlichkeit« und die »Entmannung des amerikanischen Mannes« aus. Wie bereits um die Jahrhundertwende reagierte die Nation mit dem Blick in die Geschichte und beschwor erneut den Cowboy als Ideal von Männlichkeit. Weil aber tatsächliche Ausflüge in die Wildnis des Westens für die Mittelschicht finanziell und aufgrund eines regulierten und deutlich höheren Jahresarbeitspensums kaum mehr

möglich waren, geschah dies nunmehr in Form von Inszenierung und Identifikation. Als Nachfolger des literarischen
Western der Jahrhundertwende florierte nun der Film-
Western um das Traumpaar des Genres, Schauspieler John
Wayne und Regisseur John Ford; die Kioske waren gefüllt
mit Cowboy-Zeitschriften und -Comics. Western-Musik
dominiert das Radio und die Jukebox; und im ganzen Land
begannen kleine Jungen, sich als Cowboys zu verkleiden.

Nach der Entspannungspolitik insbesondere der 1970er
Jahre, die die Amerikaner ihre Angst vor dem Atomkrieg
zeitweise vergessen ließ, nahm mit der Eskalation des Kalten Krieges durch den sowjetischen Einmarsch in Afghanistan 1979 das Gefühl nationaler Unsicherheit erneut zu. Zur
Interpretation dieser Sicherheitskrise als Krise der Männlichkeit trugen in den folgenden Jahren diesmal jedoch weniger technologisch und wirtschaftlich bedingte Veränderungen der männlichen Arbeitsbedingungen bei, sondern
die Errungenschaften der Frauenbewegung der 1970er Jahre, die nicht zuletzt zu einer erhöhten Präsenz von Frauen
in der Arbeitswelt führten. Präsident Ronald Reagan, in
den 1950er Jahren selbst Darsteller in Western-Filmen, bediente sich in den 1980er Jahren immer wieder medial ein-
schlägig der Figur des Cowboy, um die Nation seiner Führungsstärke zu versichern. Besonders einprägsam geblieben
ist dabei, wie sich Reagan auf seinem Araberhengst El Ala-
mein ablichten ließ. Das Foto entstand in einem Moment,
da sich die USA in ganz besonderer Gefahr sahen: Am
5. April 1986 verübten libysche Terroristen einen Anschlag
auf die Westberliner Diskothek LaBelle, bei dem drei Amerikaner starben und hunderte verletzt wurden. Am 8. April
präsentierte sich Reagan als Cowboy auf seiner kalifornis-
chen Ranch. Am 15. April folgte dann die militärische Ver-
geltung im Stile des Western-Ethos: Die USA führten Luft-
schläge gegen Ziele in Libyen aus.

Neben dieser Momentaufnahme, in der sich die Dynamik von nationaler Krise, interpretiert als Männlichkeits-

krise, sowie deren Kompensation durch Inszenierungen von historisch rückwärtsgewandten männlichen Rollen-modellen und militärischer Aggression verdichten, ist in den 1980er Jahren noch eine weitere, modernisierte Er-scheinungsform der Rückkehr des männlichen Helden zu beobachten. Mit Arnold Schwarzeneggers Conan oder Ter-minator und Sylvester Stallones Rocky und Rambo be-herrschten Helden das Kino, deren muskulöse Körper und sexuelle Potenz noch viel deutlicher in Szene gesetzt wur-den als die der Cowboys der vorherigen Jahrzehnte. Zu den erfolgreichsten Action-Filmen der Dekade gehört auch der bereits genannte *Top Gun*, der einen ebenfalls muskel-bepackten Tom Cruise im Fliegereinsatz gegen die Sowjets zeigt. *Top Gun* macht dabei explizit, gegen welche Kräfte der amerikanische Mann seine Männlichkeit rituell be-haupten muss: einerseits die Bedrohung durch den Kom-munismus in Form sowjetischer Kampfflieger, andererseits die Konkurrenz von Frauen in der eigenen Gesellschaft, denn Mavericks Freundin Charlie droht, ihm als Beraterin der Marine in puncto Karriere den Rang abzulaufen. Wie wiederum Susan Faludi gezeigt hat, war der mediale Fokus auf »männliche« Männer in den 1980er Jahren Teil eines tatsächlichen »Backlash« (Gegenschlag) gegen die Erfolge der Gleichberechtigung. Das Ideal des maskulinen Kämp-fers fordert als sein Gegenüber das Ideal der femininen, schwachen und schutzbedürftigen (Haus-)Frau ein – eine Rolle, auf die sich Frauen nach dem Aufbruch der 1970er Jahre verstärkt zurückgeworfen fühlten.

Der mediale Hype um »männliche« Männer nach dem 11. September, dessen Höhepunkt die Inszenierung von George W. Bush als Kriegsheld à la Tom Cruise darstellt, ist also nur eine von wiederkehrenden Phasen nationaler Kri-sen und realen Machtverlusts von Männern in der eigenen Gesellschaft, auf die umgehend mit einer Idealisierung kör-perlich definierter Männlichkeit reagiert wird, welche sich ihrerseits auf die Teilhabe von Frauen am öffentlichen Le-

102

ben auswirkt. Die Hinwendung zu traditionellen Geschlechterrollen nach dem 11. September ist somit in der amerikanischen Geschichte keineswegs einmalig. Darüber hinaus reagierte die Gesellschaft mit der Rückkehr zum Ideal des »männlichen« Mannes nicht nur auf die sicherheitspolitische Krise nach den Anschlägen. Der tiefer liegende Auslöser für eine Krise der Männlichkeit, die durch die Terrorgefahr in ihrer Virulenz nur verstärkt und zugespitzt wird, ist erneut in Veränderungen der Arbeitswelt und der Geschlechterverhältnisse zu suchen und führt bis in die 1990er Jahre zurück. In dem Jahrzehnt nach dem Ende des Kalten Krieges, das für die USA von einem Gefühl der Sicherheit in ihrer Rolle als einzige Supermacht, von gesellschaftlichem Wohlstand und von Haushaltsüberschüssen geprägt war, erschien das männliche Ideal des Cowboys oder Kriegers unzeitgemäß. Männer, allen voran Bill Clinton, stellten sich als »weicher« und weiblicher dar. Sogar Arnold Schwarzenegger, bis dahin Inbegriff der hypermaskulinen Kampfmaschine, trat nun in komödiantischen Rollen als Aushilfskindergärtner oder schwangerer Mann auf und nahm so eine ironische Distanz zu früheren Rollen ein. Zur Schau gestellte sexuelle Potenz galt nicht mehr als unhinterfragt positive männliche Eigenschaft; vielmehr läuteten die außerehelichen sexuellen Aktivitäten des Präsidenten das Ende der Clinton-Ära ein.

Bereits Ende der Dekade zeigte sich jedoch, beispielsweise in Filmen wie dem Oscar-Gewinner von 1999, *American Beauty*, dass dieser Periode der Neuinterpretation von Männlichkeit eine Phase der Verunsicherung und der kompensatorischen Rückkehr zu traditionelleren Männerbildern folgen sollte. Das Platzen der Dotcom-Blase im Frühjahr 2000 verschärfte das Gefühl finanzieller Unsicherheit vor allem unter Männern: Für eine ganze Generation von Anlegern bedeutete der Crash persönliches wirtschaftliches Scheitern; hunderttausende Angestellte in der männlich dominierten IT-Branche wurden arbeitslos. Schon mit der Wahl George W.

Bushs im November 2000, der sich als »Texas Cowboy« präsentierte und so eine Antwort auf das abgehobene Establishment in Washington zu geben schien, das von seinem Gegenkandidaten Al Gore verkörperte wurde, begann so bereits vor dem 11. September die Rückkehr zu traditionellen Rollenmodellen.

Dass sich Phasen der erneuten Verfestigung traditioneller Männlichkeitsbilder mit Phasen abwechseln, in denen Männlichkeit neu definiert wird, zeigt momentan die öffentliche Debatte darum, wie Präsident Barack Obama sich als schwarzer Mann darstellt. Schwarzen Männern, so heißt es, biete er ein neues positives Rollenvorbild, welches das Stereotyp des um seine Chancen betrogenen »angry black man« (des zornigen schwarzen Mannes) hinter sich lasse; für weiße Männer der Mittelschicht sei er eine Identifikationsfigur, weil er die Kopfarbeit hinter dem Schreibtisch mit sportlicher Körperlichkeit und Sex-Appeal verbinde. Die Ära Obama scheint also wieder eine Phase zu sein, in der die Rollen für Männer und Frauen neu verhandelt werden. Aller historischen Erfahrung nach wird irgendwann aber auch wieder die Gegenbewegung hin zur Re-Maskulinisierung einsetzen. Trotz der immer wiederkehrenden Perioden der gesellschaftlichen Neubestimmung von Geschlechterrollen darf aus feministischer Sicht nicht unterschätzt werden, wie sich in dem beschriebenen Kreislauf von Männlichkeits-Krise und Re-Maskulinisierung traditionelle Vorstellungen von Männlichkeit und damit auch von Weiblichkeit immer wieder verfestigen, wobei Freiheit, Macht und Chancenvielfalt von Frauen in der amerikanischen Gesellschaft aufs Neue beschnitten werden.

Doch nicht nur auf die Beziehungen zwischen Männern und Frauen in der Gesellschaft hat die medial betriebene Re-Maskulinisierung problematische Auswirkungen. Mit der Inszenierung von Männlichkeit, zum Beispiel mit der Stilisierung des Präsidenten zum maskulinen Superhelden, vergewissert sich die Nation symbolisch ihrer Stärke – und läuft dabei Gefahr, auf kurzsichtige und gefährliche Weise Schwäche, Versagen und Verletzlichkeit zu leugnen. Der schlichte Glaube daran, dass Bush, weil er wie ein Retter und Held aussieht, auch die Nation retten wird, ist tatsächlich ein wenig erfolgversprechendes Mittel gegen terroristische Bedrohungen und kann kluges politisches Handeln nicht ersetzen. Mit anderen Worten: das Spektakel des siegreichen Kriegers kann schnell den nüchternen und kritisch hinterfragenden Blick auf die politische Lage versperren und darüber hinaus die Entscheidungsträger selbst glauben machen, sie seien unfehlbar und unbesiegbar. Die Beschwörung männlichen Heldentums kann so zu unüberlegten, emotionsgeleiteten Entscheidungen und einer Spirale von Aggression führen – im schlimmsten Falle kostet sie hunderttausende Menschenleben, wie im Irak.

*Birte Christ*

## ZUM WEITERLESEN

Benthien, Claudia und Inge Stephan. *Männlichkeit als Maskerade: Kulturelle Inszenierungen vom Mittelalter bis zur Gegenwart*. Köln: Böhlau, 2003.

Connell, Robert W. *Der gemachte Mann: Konstruktion und Krise von Männlichkeiten*. Opladen: Leske + Budrich, 1999.

Faludi, Susan. *The Terror Dream: What 9/11 Revealed About America*. New York: Metropolitan Books, 2007.

Kappert, Ines. *Der Mann in der Krise. Oder: Kapitalismuskritik in der Mainstreamkultur*. Bielefeld: transcript, 2008.

Malin, Brenton J. *American Masculinity under Clinton: Popular Media and the Nineties ›Crisis of Masculinity‹*. New York: Peter Lang, 2005.

**PATRIOTISMUS**  Inmitten der Trümmer des World Trade Centers wirkt die amerikanische Flagge seltsam deplatziert. Schließlich verbindet man mit der »Old Glory«, wie die Flagge seit dem 19. Jahrhundert liebevoll genannt wird, eher Erfolge und ruhmreiche Errungenschaften. Im Februar 1945 wehte sie auf der Pazifikinsel Iwo Jima, wo sich Amerikaner und Japaner eine der blutigsten Schlachten des Zweiten Weltkriegs lieferten. Im Januar 1946 nach dem Sieg der Alliierten wurde sie in einer groß angelegten Parade durch die Straßen New Yorks getragen. Und 1969 prangte sie als erste Flagge der Welt auf dem Mond. Und dennoch besteht eine Verbindung zwischen der von drei Feuerwehrmännern am Ground Zero gehissten Fahne und diesen berühmten Momentaufnahmen amerikanischer Geschichte. Wie das Aufrichten der »Old Glory« auf Iwo Jima, das der Kriegsfotograf Joe Rosenthal auf einem berühmten Bild festgehalten hat, ist die trotzig errichtete Flagge auf den Ruinen des World Trade Centers ein Zeugnis des amerikanischen Patriotismus.

Das Bild der Fahne in den Ruinen der Twin Towers ist von komplexer Bedeutung. Einerseits symbolisiert die Flagge die Stärke und Einigkeit der angegriffenen Nation. Sie steht für die Werte und Ideale, derer sich die Amerikaner in dieser dunklen Stunde vergewissern. Die Flagge kann aber auch als ein Zeichen des vorweggenommenen Sieges im Kampf gegen den Terrorismus verstanden werden. Anders als der Zweite Weltkrieg mit seinen Schlachten um Iwo Jima und andere Orte erscheint der Krieg gegen den Terrorismus vielen ungleich fragwürdiger als der Kampf gegen Japan und Nazi-Deutschland. Aus dieser Perspektive ist das

Hissen der Flagge nicht nur ein patriotischer Akt, sondern auch ein Zeichen von Nationalismus.

Diese Interpretation erfreut sich gerade in Deutschland großer Beliebtheit, weil hierzulande der »blutrünstige Bruder« des Patriotismus, wie der Soziologe John H. Schaar den Nationalismus nennt, tiefe Narben hinterlassen hat und weil hier ein mehr oder weniger latenter Anti-Amerikanismus weit verbreitet ist. Das Fahnenmeer, das die USA im Anschluss an die Anschläge des 11. September 2001 überzog, wurde hier von Anfang an misstrauisch beäugt und als Ausdruck von überzogenem Nationalstolz, Hurra-Patriotismus oder gar waschechtem Nationalismus empfunden. Doch so einfach ist die Sache nicht. Hinter dem einen Symbol der Flagge verbirgt sich eine Vielzahl durchaus unterschiedlicher Einstellungen zum eigenen Land und zu dessen Regierung.

In den USA gibt es nämlich fast so viele unterschiedliche Formen des Patriotismus, wie es Amerikaner gibt. Etwas vereinfacht lassen sich die meisten dieser Spielarten jedoch auf zwei grundlegende Ausprägungen reduzieren. So kann Patriotismus bedeuten, dass die eigenen Streitkräfte und auch die eigene Regierung in jeder Situation bedingungslos unterstützt werden. Diese Unterstützung wird oft über das Hissen der Flagge ausgedrückt, aber auch über das Singen der Nationalhymne oder das Ableisten des »Pledge of Allegiance« (Fahneneid). Von einer anderen Warte aus kann aber gerade die Kritik an Regierenden, die das Land in die falsche Richtung führen beziehungsweise zu führen scheinen, als patriotischer Akt erscheinen. Diese Kritik äußert sich bisweilen sogar durch das demonstrative Verbrennen der amerikanischen Flagge. Viel häufiger jedoch dient die Fahne als positives Symbol, das anzeigen soll, wer die wahren Patrioten sind. Das trifft auf die Opposition im Parlament genauso zu wie auf die Verschwörungstheoretiker, denen das übernächste Kapitel dieses Buches gewidmet ist. Wie der Blick in die Geschichtsbücher zeigt, dominiert in den USA mal die eine, mal die andere dieser beiden Formen des Patriotismus. Das gilt auch für die Zeit nach 9/11: Zunächst galt es als patriotisch, die Regierung uneingeschränkt zu unterstützen, mit etwas zeitlicher Verzögerung erschien dann jedoch die radikale Kritik an der Bush-Administration immer mehr als patriotischer Akt. Somit wiederholte sich ein Zyklus, der in den Vereinigten Staaten immer wieder zu beobachten ist.

Der 11. September muss als ein Ereignis verstanden werden, das zunächst das kollektive Selbstbild der USA in Frage stellte. Der Angriff auf amerikanische Werte wie das Recht auf freie persönliche Entfaltung und die freie Marktwirtschaft, für die New York und das World Trade Center in besonderer Weise standen, erschütterte das nationale Selbstverständnis. »Warum hassen sie uns so sehr?« fragten viele Amerikaner entsetzt. Um solche Selbstzweifel auszuräumen, betonten führende Politiker direkt nach den Anschlägen immer wieder die ungebrochene Gültigkeit amerikanischer Ideale. Präsident Bush selbst beschrieb beispielsweise noch am 11. September die USA als »beacon of freedom«, als Leuchtfeuer der Freiheit, welches von nichts und niemandem erstickt werden könne. Hier offenbart sich der Wunsch, an einem positiven Selbstverständnis festzuhalten. Das Flaggenmeer kann vor diesem Hintergrund als Zeichen der Trauer, der Verwirrung und des trotzigen Bekenntnisses zum eigenen Land verstanden werden. Es ist nicht notwendigerweise Ausdruck der Aggression gegen die Feinde dieser Werte im Äußeren wie im Inneren.

Im Gegenteil: Das kollektive Fahnenschwingen kann als nationales Mittel der Selbstbestätigung verstanden werden, das den Grundsatz des Landes »E pluribus unum«, »aus Vielen ein Ganzes«, eindrucksvoll bekräftigt. So wurden direkt nach den Anschlägen konkrete Maßnahmen ergriffen, um Fremdenfeindlichkeit und Hassverbrechen gegenüber einheimischen Muslimen entgegenzutreten. Die gemeinnützige Organisation Ad Council startete zum Beispiel eine groß angelegte, von der Regierung gesponserte Fernsehkampagne mit dem Slogan »I am an American« (»Ich bin ein Amerikaner«). In kurzen Clips waren dort Angehörige verschiedener Religionen und Ethnien zu sehen, die jeweils ihre Zugehörigkeit zur Gemeinschaft der Vereinigten Staaten verkündeten. Präsident Bush selbst besuchte in den Wochen nach dem 11. September immer wieder demonstrativ Moscheen.

Parallel zu diesen Beschwörungen der inneren Einheit identifizierte Bush aber auch einen außerhalb der Landesgrenzen angesiedelten Feind. Unmittelbar nach dem 11. September war noch die Rede von »terroristischen Anschlägen«, die von fundamentalistischen Einzeltätern begangen worden waren. Doch schon in einer Rede am 20. September 2001 betonte George W. Bush, dass es sich bei den Anschlägen um einen »act of war« handle, um einen kriegerischen Akt, dem nur mit einem unnachgiebigen »war on terror« begegnet werden könne. Im Zuge dieses Krieges gegen den Terrorismus wurden auch der Einmarsch in Afghanistan im Herbst 2001 und der Krieg gegen den Irak im Jahr 2003 vor der amerikanischen Öffentlichkeit gerechtfertigt.

Bushs Ruf zu den Waffen wurde mit großer Zustimmung und sogar Kriegseuphorie aufgenommen. In einer Umfrage des Meinungsforschungsinstituts Gallup direkt nach den Anschlägen unterstützten 90 Prozent der Befragten Bush, womit dieser die höchste Zustimmungsrate erreichte, die jemals für einen amerikanischen Präsidenten gemessen wurde. Waren Bushs Umfragewerte außergewöhnlich, so ist doch der nationale Schulterschluss in Zeiten der Krise nichts Neues. Der Soziologe John Mueller hat dafür bereits 1970 den Ausdruck des Rally-Effekts geprägt. Der Begriff ist abgeleitet von »Rally Round the Flag«, dem kollektiven »Fahnentanz«. Laut Mueller muss ein Ereignis drei Eigenschaften aufweisen, damit es zum Fahnentanz und der damit verbundenen nahezu blinden Unterstützung der eigenen Regierung kommt. Erstens muss es sich um ein internationales Ereignis handeln, das die Bevölkerung in ihrer

Gesamtheit betrifft und nicht nur eine bestimmte Bevölkerungsgruppe. Zweitens muss es die Vereinigten Staaten in ihrer Rolle als internationale Ordnungsmacht herausfordern und so die öffentliche Erwartung wecken, dass die Regierung rasch reagieren wird. Drittens muss es sich um ein Ereignis handeln, das so spezifisch, dramatisch und stark fokussiert ist, dass es sich langfristig im Bewusstsein der Öffentlichkeit verankert. All dies ist bei den Anschlägen auf das World Trade Center und das Pentagon ganz offensichtlich gegeben.

Es überrascht daher nicht, dass es sowohl im privaten als auch im öffentlichen Leben zu einer regelrechten Welle der »patriotic correctness«, der »patriotischen Korrektheit« kam, welche nach Fahnen vor dem Haus, Aufklebern an Autos und Anstecknadeln für die Kleidung verlangte. Auch unter Fernsehmoderatoren, Berichterstattern und Journalisten gehörte die Flagge, in jeglicher Form getragen, bald zur festen Arbeitskleidung. Es schien, als sei der investigative Journalismus, mit dem sich die USA spätestens seit der Watergate-Affäre rühmten, stillschweigend durch das Salutieren der Medien ersetzt worden. Die Parole »My country, right or wrong!« (»Recht oder Unrecht – es ist mein Vaterland!«) und eine damit verbundene mediale Selbstzensur bestimmten die öffentliche Diskussion und erzeugten den Rückenwind, den Bush brauchte, um in den Krieg zu ziehen.

Die Tatsache, dass Mueller den Rally-Effekt dreißig Jahre vor 9/11 beobachtete und für die Präsidentschaften von Truman bis Johnson beschrieb, macht deutlich, dass sich nach 9/11 ein altbekanntes Muster wiederholte. Dieses lässt sich sogar noch weiter zurückverfolgen, als Muellers Analyse es tut. Das zeigt zum Beispiel ein Blick in den Bildband *United We Stand: Flying the American Flag* (Wir stehen zusammen: Das Wehen der amerikanischen Flagge), der dokumentiert, dass im Zuge einer groß angelegten Kampagne am 4. Juli 1942, sieben Monate nach dem japanischen Überraschungsangriff auf Pearl Harbor, rund 300 Magazine und Zeitschriften die Flagge auf ihrer Titelseite abbildeten. Sowohl die Monate nach Pearl Harbor als auch die nach dem 11. September 2001 sind somit von einem landesweit gesteigerten Patriotismus im Privaten wie im Öffentlichen gekennzeichnet; das kollektive Fahnenschwingen in Zeiten nationaler Krise ist also beileibe kein neues Phänomen.

Interessanterweise wurde der Angriff auf Pearl Harbor, der zum Eintritt der USA in den Zweiten Weltkrieg führte, unmittelbar nach dem 11. September für Journalisten wie Politiker zum unumgänglichen Referenzpunkt. Dabei half der Rückbezug auf den 7. Dezember 1941 Politikern und Medienvertretern gleichermaßen, das Unfassbare der Gegenwart durch den Anschluss an schon einmal Erlebtes fassbar zu machen. Aus heutiger Sicht jedoch erscheint das beständige Verweisen auf Pearl Harbor nicht nur als Versuch, ein traumatisches Erlebnis historisch einzuordnen, sondern auch als rhetorischer Schachzug, der dazu diente, öffentlichen Konsens für den anstehenden Krieg gegen den Terrorismus zu schaffen. Im Gegensatz zu dem Angriff auf Pearl Harbor, welcher in seiner Planung und Durchführung eine Kriegshandlung darstellte, mussten die Angriffe auf das World Trade Center und das Pentagon erst rückwirkend zu einer solchen gemacht werden, um einen militärischen Gegenschlag mit der Unterstützung der Öffentlichkeit in die Wege leiten zu können.

Der historische Referenzpunkt Pearl Harbor fungierte somit einerseits als Rechtfertigung für den von Bush ausgerufenen Feldzug gegen das Böse. Andererseits – und hier wird die Widersprüchlichkeit deutlich – bestanden oft dieselben Interpreten, welche die Pearl-Harbor-Analogie bemühten, gleichzeitig darauf, dass es sich bei 9/11 um eine noch nie da gewesene und somit unvergleichliche Tragödie handelte. Durch diese Betonung der Einzigartigkeit wurden die Seile zur Vergangenheit gekappt. Der Debatte, ob die USA die Anschläge etwa in irgendeiner Weise provoziert haben könnten, wurde so von vornherein ein Riegel vorgeschoben. Denn wenn es sich bei den Angriffen um ein Ereignis handelt, das außerhalb aller historischen Zusammenhänge steht, stellt sich die Frage nach ihrer Verbindung zu den dunkleren Kapiteln der amerikanischen Geschichte und der momentanen Stellung der USA in der Weltgemeinschaft erst gar nicht. Letzen Endes führten somit sowohl die Betonung der Parallelen wie der Unterschiede zu Pearl Harbor dazu, dass die Entscheidung, Krieg in Afghanistan zu führen, auf breite Zustimmung in der Bevölkerung traf.

Heute, zehn Jahre nach den Anschlägen, ist das Flaggenmeer weitgehend verebbt. Im gleichen Maße hat die bedingungslose Unterstützung der eigenen Regierung abgenommen. Zu spüren ist dagegen ein Wandel vom Gefühl des Schocks zu einem der Ermattung. Man könnte fast meinen, das Land sei von einer gewissen »9/11-Müdigkeit« ergriffen, einem Zustand der Erschöpfung in Anbetracht der anhaltenden Konflikte auf fremdem Boden und der sich nur mühsam erholenden Wirtschaft im eigenen Land. Diese These bestätigt sich auch hier wieder in einer Umfrage des Meinungsforschungsinstituts Gallup. Am Ende seiner Amtszeit nämlich, im Oktober 2008, waren nur noch 25 Prozent der Befragten von Präsident Bushs Kompetenz überzeugt, womit dieser nun einen historischen Tiefpunkt in der Zustimmung der Bevölkerung erreichte.

Auch das ist nicht neu. Die Geschichte des 20. Jahrhunderts zeigt, dass in den Vereinigten Staaten auf eine Phase der Kriegsbegeisterung unweigerlich eine Phase der Kriegsmattheit folgt, in welcher der Unmut gegenüber der Regierung zunimmt. Auch während der späten fünfziger Jahre, als die Angst vor der kommunistischen Unterwanderung das Land fest im Griff hielt, und während des Vietnamkriegs in den sechziger und frühen siebziger Jahren wird diese Wellenbewegung des amerikanischen Patriotismus sichtbar. Das wirkt sich auch auf die Definition von patriotischem Verhalten aus. So wurden beispielsweise Gegner des Komitees für unamerikanische Umtriebe während der McCarthy-Ära und später Anhänger der Friedensbewegung als Landesverräter beschimpft. Heute jedoch erscheinen sie vielen als die wahren Patrioten ihrer Zeit. Dies gilt für den Journalisten Edward R. Murrow, der sich öffentlich gegen die antikommunistische Hetzjagd stellte, oder auch für Sam Marcy, der 1962 den ersten Protestmarsch gegen den Vietnamkrieg organisierte. Genauso wie die Unterstützung der eigenen Regierung unmittelbar nach einem Ereignis wie 9/11 als patriotische Notwendigkeit empfunden wird, erscheint, sobald der erste Schock vorüber ist, die kritische Distanz ebenso patriotisch.

Das ist wenig überraschend, denn die Vereinigten Staaten sind schließlich ein Land, das in einem Akt des Widerstands gegründet wurde, eine Nation, die im Aufstand gegen die Obrigkeit, gegen König und Krone, ihren Anfang fand. Schon die ersten Siedler, die Puritaner, standen in einem ständigen Spannungsverhältnis zur Kolonialregierung in London. Sie waren nach Amerika ausgewandert, um dort ihren kalvinistischen Glauben frei praktizieren zu können. Im anglikanischen England, Heinrichs VIII war dies ihrem eigenen Empfinden nach nicht möglich. Die Puritaner verstanden sich zwar noch als Engländer; sie rieben sich jedoch ständig an der englischen Regierung. Kritik an dieser wurde so schnell ein zentrales Element ihrer kollektiven Identität. Ihre Enkel und Urenkel schließlich begannen im 18. Jahrhundert, sich selbst als Amerikaner zu verstehen. Ihr Konflikt mit London verschärfte sich aufgrund verschiedener Entwicklungen – zum Beispiel dem Streit um Steuern und Zölle. Am 4. Juli 1776 erklärten sich die dreizehn amerikanischen Kolonien endgültig für unabhängig. Diesem Akt wird an jedem 4. Juli, dem Nationalfeiertag der Amerikaner, immer wieder aufs Neue mit wehenden Fahnen gedacht. Widerstand und Widerspruch sind also für den amerikanischen Patriotismus von zentraler Bedeutung.

Mit Blick auf die Stimmung nach dem 11. September 2001 trug insbesondere die Tatsache, dass die Rede von

Massenvernichtungswaffen im Irak als gelenktes Medienspektakel entlarvt worden war, zu einer raschen Veränderung der öffentlichen Meinung bei. Der Regierung bedingungslos zu folgen, erschien nun nicht mehr als die einzig akzeptable patriotische Verhaltensweise. Vor diesem Hintergrund hielt 2003 der Demokrat Howard Dean, damals Gouverneur des Bundesstaats Vermont, während der Vorwahlen für die Präsidentenwahl im nächsten Jahr eine Rede, in der er eine ideologische Kluft zwischen der Bush-Regierung und der amerikanischen Bevölkerung diagnostizierte und vor allem den Einsatz amerikanischer Truppen im Irak scharf kritisierte. Auch für den nach den Anschlägen weltweit stärker gewordenen Anti-Amerikanismus, dem in diesem Buch ein eigenes Kapitel gewidmet ist, machte Dean in seiner Rede Präsident Bush und dessen Entscheidung zum völkerrechtswidrigen Einmarsch im Irak verantwortlich. Zum Schluss seiner Rede rief Dean laut ins Publikum: »I want my country back!« (»Ich will mein Land zurück«). Mit diesem Slogan appellierte er an den Patriotismus seines Publikums. Kein wahrer Patriot, so suggerierte Dean, konnte Bush nun noch weiter folgen.

Deans Plädoyer für politischen Wandel zeigt, dass die wachsende zeitliche, aber auch emotionale Distanz zu den Anschlägen Raum für Kritik und Widerspruch schuf. In diesem Sinne interpretierte er seine Rede auch in seinem 2006 veröffentlichten Buch *You Have the Power: How to Take Back Our Country and Restore Democracy in America* (Du hast die Kraft: Wie wir unser Land zurückerobern und Demokratie in Amerika wiederherstellen können): »Was in diesem Raum geschah, hat wenig mit mir selbst zu tun. Ich war vielmehr der Katalysator für den Ausbruch eines Gefühls, das viel tiefer, viel kraftvoller, und, wie ich erkannte, viel weit verbreiteter war, als ich es je für möglich gehalten hätte. Es war ein still brennendes Feuer des Unmuts und der Wut. Ein einziger Funke war alles, was es brauchte, um es lodern zu lassen.« Diese Darstellung ist natürlich beschönigend, denn Dean scheiterte während der Vorwahlen und Bush wurde später wiedergewählt. Das Feuer des Unmuts loderte 2004 also keineswegs so stark, wie Dean dies auch aus der Distanz von zwei Jahren noch empfand. Die radikale Kritik an George Bush, die 2008 Barack Obama ins Weiße Haus brachte, nahm hier jedoch ihren Anfang.

Interessanterweise hat sich mittlerweile eine ganz andere Gruppierung Deans Appell zu Eigen gemacht. Hört man heute den zum Slogan gewordenen Ausdruck »I want my country back!«, ist die Assoziation mit der rechtskonservativen Tea Party (Tee-Party oder Tee-Partei) unvermeidlich. Deren Name verweist auf eines der zentralen Ereignisse der Jahre vor der amerikanischen Revolution. Am 16. Dezember 1773 drangen, verkleidet als indianische Ureinwohner, mehrere Bürger Bostons in den Hafen der Stadt ein und warfen 342 Kisten Tee von den Schiffen, die dort vor Anker lagen, ins Wasser. Diese Tee-Party war Ausdruck des Protests gegen hohe Steuern und mangelnde Beteiligung an den politischen Entscheidungsprozessen im englischen Mutterland.

Protest ist auch das Ziel der Tea Party des 21. Jahrhunderts. Diese entstand 2009 und betreibt Fundamentalopposition gegen Präsident Obama und dessen Gesundheits- und Steuerpolitik, um das vermeintliche »Abrutschen« der Vereinigten Staaten in den Sozialismus zu verhindern. Für die Anhänger der Bewegung – darunter viele Republikaner mit überdurchschnittlichem Einkommen, die Sarah Palin, die republikanische Kandidatin für die Vizepräsidentschaft im Jahr 2008, zu ihrer Front-Frau auserkoren haben – ist Amerika schon lange vom rechten Weg abgekommen. So verwundert es auch nicht, dass laut einer Umfrage der *New York Times* und des Fernsehsenders CBS mehr als die Hälfte der Tea-Party-Anhänger der Meinung sind, Amerika habe seine Glanzjahre längst hinter sich. Stark fühlbar ist hier eine schmerzliche Nostalgie für die goldene Ära der Vereinigten Staaten, die Zeit des Wirtschaftsboom der 1950er Jahre, in der, so das Empfinden der Tea Party, auch moralisch noch alles beim Rechten war. Durch ihre Protestaktionen wollen sie zurück zu den Wurzeln des Landes, von denen Obama sich ihrer Meinung nach zu weit entfernt hat. Für sie nämlich ist der neue Präsident alles andere als ein Patriot. Während somit Howard Dean sein Land von Präsident Bush zurück forderte, ist es nun Barack Obama, an den diese Forderung gestellt wird.

Der Schlachtruf »Ich will mein Land zurück!« wanderte also vom linksorientierten Howard Dean zur republikanisch-konservativen Tea Party. Darin zeigt sich, wie flexibel der Begriff des Patriotismus in den USA letztendlich ist. Patriotismus ist ein dynamisches Konzept, das weder an sozialen Status noch an Parteizugehörigkeit gebunden ist und auf das – im Gegensatz zu vielen anderen Markenzeichen des Landes – kein Urheberrecht besteht. Wenn sich ein gemeinsamer Nenner finden lässt, dann derjenige, dass linker wie rechter Patriotismus in den USA fast immer kritische Loyalität zum eigenen Land und durchaus Opposition zur eigenen Regierung bedeutet. Dies hatte bereits der größte Amerika-Kenner des 19. Jahrhunderts, der französische Historiker Alexis de Tocqueville, erkannt. In seinem erstmals zwischen 1835 und 1840 veröffentlichten Klassiker *Über die Demokratie in Amerika* schwärmte er vom amerikanischen »Patriotismus der Reflexion«, vom selbstkritischen Geist der Selbstregierung. In Zeiten des Schocks und der Krise mag diese Art der differenzierten Liebe zur eigenen Nation für eine gewisse Zeit von der Bildfläche verschwinden. Die kurzen Phasen der blinden »Rally Round the Flag« sind aber eher die Ausnahmen, welche die Regel bestätigen.

Nach 9/11 wiederholte sich somit nur ein bekanntes Muster. Der temporäre Schulterschluss diente dazu, die erste Welle der Fassungs- und Hilflosigkeit zu bewältigen. Wie nach Pearl Harbor und während des Vietnamkriegs bedurfte es einer gewissen Zeit, bis die auch zum Patriotismus gehörende Distanz zwischen Regierung und Bevölkerung wieder sichtbar wurde. Sowohl Konsens als auch Dissens bilden somit feste Bestandteile der amerikanischen Identität und schließen sich als Kerngedanken des amerikanischen Patriotismus keineswegs gegenseitig aus. Und deshalb ist auch die Flagge ein dynamisches Symbol, dessen Interpretation vom Träger der Fahne und dem Anlass des Hissens gleichermaßen abhängig ist und nicht mit blindem Nationalismus gleichgesetzt werden darf. Das zeigt bereits ein Artikel, der anlässlich des nationalen Fahnentags, des ersten »Flag Day« nach 9/11, am 11. Juni 2002 in einer regionalen Tageszeitung erschien: »Wir glauben, dass es beim Hissen der Flagge nicht um eine ›Gleichschrittmentalität‹ geht, sondern um die Liebe zu einer Nation mit großen Reichtümern, gewaltigen Schwachstellen und einer neuen Chance, es morgen noch einmal zu versuchen, um es dieses Mal richtig zu machen. Es geht darum, wo Amerika in ein paar Jahren sein könnte und wo es schon einmal war, mit all seinen Mängeln und Fehlern.«

*Anna-Katharina Brandstätter*

### ZUM WEITERLESEN

Junker, Detlef. *Mission and Power: Was Amerika antreibt.* Freiburg: Herder, 2003.

Kreitler, Peter. *United We Stand: Flying the American Flag.* San Francisco: Chronicle Books, 2001.

Rorty, Richard. *Stolz auf unser Land: Die amerikanische Linke und der Patriotismus.* Berlin: Suhrkamp Verlag, 1999.

Suter, Lotta. *Einzig und allein: Die USA im Ausnahmezustand.* Zürich: Rotpunktverlag, 2004.

Tocqueville, Alexis de. *Über die Demokratie in Amerika.* Ditzingen: Reclam, 1986.

**RECHT** Häftlinge in orangefarbenen Uniformen knien mit überkreuzten Beinen auf einem Kiesboden. Ihre Hände sind mit Handschellen vor ihrem Körper gesichert. Die Häftlinge sind anonym, Mund- und Augenschutz verdecken ihr Gesicht, einer gleicht dem anderen. Solche Bilder aus dem amerikanischen Gefangenenlager Guantanamo auf Kuba erregten international Aufmerksamkeit. Nicht nur die Haftbedingungen lösten vielfach Kritik aus, sondern vor allem die Frage nach der Rechtmäßigkeit der Inhaftierung war von Beginn an heftig umstritten. Unter normalen Umständen entscheidet ein Richter kurze Zeit nach der Festnahme einer Person über deren Verbleib in Haft und in absehbarer Zeit in einem Strafverfahren über deren Schuld. Für die Häftlinge in Guantanamo galt dies jedoch nicht. Denn diese sind in der Sprache des Kriegs gegen den Terror »feindliche Kombattanten«. Diese neue Sprache, die Präsident Bush bereits wenige Tage nach den Terroranschlägen erstmals benutzte, bedeutete nicht nur die Beschneidung der Rechte von Häftlingen wie auf Guantanamo, sondern vielmehr eine Herausforderung für die gesamte Rechtsordnung nach 9/11. Plötzlich war nicht mehr klar, ob die alten Regeln noch galten.

Die Ereignisse des 11. September waren außergewöhnlich, und die Rechtsordnung musste nun diese Außergewöhnlichkeit erfassen und regeln. War das geltende Recht überhaupt geeignet, der neuen Dimension terroristischer Bedrohung angemessen zu begegnen oder brauchte man grundlegend neue Regeln? War ein Ausnahmezustand eingetreten, in dem die hergebrachten Verfahren und Mittel des Rechtsstaats obsolet geworden waren? Und erfordert

unsere Sicherheit die Verletzung der Freiheitsrechte einzelner Verdächtiger, wie die Praxis im Gefängnis auf Guantanamo nahelegt?

Im Gegensatz zu den meisten Terrorakten zuvor waren
die Terroranschläge des 11. September ein Angriff von außen. Daher reagierten die USA – teils allein, teils zusammen
mit wechselnden Bündnispartnern – mit umfassenden Maßnahmen jenseits der eigenen Landesgrenzen. In ihrem Wirken nach innen wie nach außen sind Staaten aber an das Völkerrecht gebunden, das nun in seiner Ermächtigungs- und
Begrenzungsfunktion gefragt war. Es galt, die Staaten einerseits zu einer effektiven Reaktion auf den Ausbruch terroristischer Gewalt zu befähigen. Andererseits war es ebenso
wichtig, die staatlichen Reaktionen auf den internationalen
Terrorismus soweit zu begrenzen, dass der Schutz der Menschenrechte gewährleistet blieb und auch eine unverhältnis-
mäßige Beschränkung der Freiheit der Bürger im Namen
des Anti-Terrorkampfes verhindert wurde. Der weiterhin
andauernde juristische Streit um die Behandlung der Gefangenen in Guantanamo, wo im Juli 2010 noch 176 Personen
einsaßen, steht für die Tragweite dieser menschenrechtlichen
Problematik. Die amerikanische Regierung, vollkommen fi-
xiert auf den Schutz der Öffentlichkeit vor Terroristen, nutzte die geografische Lage dieses Gefängnisses, um seine Insas-
sen aus der nationalen Rechtsgemeinschaft auszuschließen.
Es war das Völkerrecht, das den Gefangenen aber schließlich
die Rückkehr in die Rechtsgemeinschaft ermöglichte, die
sie sich in Verfahren wie *Rasul v. Rumsfeld, Hamdan v. Rumsfeld* oder *Boumediene v. Bush* vor dem Obersten Gerichtshof
der USA einklagten.

Das moderne Völkerrecht kennt seit langem Regelungen, die sich mit der Bekämpfung von Terrorismus befassen.
Seit 1963 wurden im Rahmen der Vereinten Nationen
dreizehn Anti-Terror-Konventionen ausgehandelt, und bereits seit 1972 verhandeln die Mitgliedsstaaten über eine
solche umfassende Konvention. Eine Einigung scheitert bis

heute am fehlenden Konsens über die Definition von Terrorismus. Vor allem mit Blick auf den Nahostkonflikt kann keine zustimmungsfähige Unterscheidung zwischen legitimen »Freiheitskämpfern« und verbrecherischen »Terroristen« getroffen werden. Obwohl die Vereinten Nationen die Anschläge vom 11. September verurteilt haben, ist es auch nach 9/11 nicht gelungen, diesen alten politischen Graben zu überwinden. So sind die Anti-Terror-Konventionen zwar ihres Schattendaseins enthoben, aber nicht wesentlich verändert worden. Das hängt nach dem 11. September aber weniger mit der schwierigen Konsensfindung zusammen, sondern vor allem damit, dass die Konventionen einen überwiegend repressiven, also nachträglichen, strafrechtlichen Ansatz verfolgen. Nun stand jedoch die präventive Verhinderung von Terrorakten im Vordergrund.

Die präventive Verhinderung von Terrorakten erforderte insbesondere ein Vorgehen gegen die Terroristen selbst, die sich in Lagern in Afghanistan fernab von den Orten der Anschläge befanden. Von zentraler Bedeutung für das Völkerrecht war hierbei die Frage nach dem Ausnahmezustand und neuen Regeln. Denn anders als viele nationale Rechtsordnungen kennt das Völkerrecht einen Sonderzustand, der an die Stelle der Friedensordnung treten kann: den Krieg beziehungsweise in der Sprache des modernen Völkerrechts den bewaffneten Konflikt. Während zu Friedenszeiten staatliche Maßnahmen wie zum Beispiel die Tötung oder Internierung von gefährlichen Personen nur in Ausnahmefällen zulässig sind, ist nach dem Recht des bewaffneten Konflikts die gezielte Tötung oder Internierung gegnerischer Kämpfer bis zur Beendigung des Konflikts grundsätzlich zulässig.

Die Terrorakte waren zwar nach Art und Ausmaß der Zerstörung vergleichbar mit zwischenstaatlicher Gewalt, aber sie waren nicht Werk eines Staates. Hätte ein Staat die Terrorakte begangen, wäre dieser Staat zur Konfliktpartei geworden. Die USA hätten dann ohne Schwierigkeit gegen diesen Staat das Selbstverteidigungsrecht und das Recht des bewaffneten Konflikts anwenden dürfen. Können diese Sonderregeln jedoch auch auf Einzelpersonen und die Terrororganisationen, in denen sie organisiert sind, angewandt werden? Diese Frage ist nicht einfach zu beantworten, doch für die Bestimmung der Rechte von Terroristen und unbeteiligten Dritten im Anti-Terrorkampf sowie für die Bewertung der Auswirkungen des 11. September auf die Rechtsordnung insgesamt ist sie entscheidend.

Das Recht des bewaffneten Konflikts regelt zwar neben den klassischen zwischenstaatlichen Konflikten auch die Konflikte von Staaten mit nicht-staatlichen Akteuren, etwa Rebellengruppen wie den Taliban in Afghanistan oder den FARC-Rebellen in Kolumbien. Der Anwendungsbereich des Rechts des bewaffneten Konflikts weist in diesen Fällen jedoch enge Grenzen auf. Das Recht will verhindern, dass militärische Gewalt ausufert, und macht es daher Staaten nicht leicht, Rebellengruppen zu Akteuren zu erklären, gegen die das Recht des bewaffneten Konfliktes angewendet werden darf. So müssen nicht-staatliche Akteure ein internes Führungs- und Disziplinarsystem aufweisen, um in diese besondere Kategorie des »Kriegsgegners« zu fallen. Auch müssen ihre Gewalttaten eine gewisse Intensität erreichen – eine Schwelle, die von vereinzelten Terrorakten in der Regel nicht überschritten wird. Terroristen sind demnach rechtlich gesehen meist keine gegnerischen Kämpfer, sondern schwere Kriminelle, die nicht dem Recht des bewaffneten Konflikts unterliegen, sondern nach dem Recht bekämpft werden müssen, das in Friedenszeiten gilt.

Nach dem 11. September mehrten sich nun in den USA die Stimmen, die das Recht des bewaffneten Konflikts im gesamten Anti-Terrorkampf anwenden wollten. Auch aus Sicht der amerikanischen Regierung ist al-Qaida aufgrund ihrer Organisationsstruktur und ihrer hohen Gefährlichkeit mit einem klassischen Kriegsgegner gleichzusetzen. Mit diesem Argument rechtfertigten die USA zentrale Elemente ihres Anti-Terrorkampfes wie gezielte Tötungen von Terroristen durch Spezialeinheiten oder Raketenangriffe, die zeitlich unbegrenzte Sicherungshaft im Gefangenenlager Guantanamo und Strafverfahren vor Militärkommissionen, in denen die Angeklagten wesentlich weniger Möglichkeiten zu ihrer Verteidigung haben als vor zivilen Gerichten. Nach dieser Rechtsauffassung sind Terroristen ein völkerrechtlich legitimes militärisches Ziel; sie dürfen nach den gleichen Regeln getötet werden wie Soldaten im Krieg. Der bewaffnete Konflikt mit seinen besonderen Ermächtigungen wäre somit nicht mehr räumlich und zeitlich klar begrenzt, sondern würde zur normalen Situation. Hätte sich diese Auffassung durchgesetzt, dann hätte der 11. September tatsächlich eine grundlegende Veränderung der Rechtsordnung bewirkt.

Zehn Jahre nach 9/11 steht jedoch fest, dass sich die Interpretation der amerikanischen Regierung nicht durchgesetzt hat. Der Ausnahmezustand des bewaffneten Konflikts darf weiterhin nicht auf den gesamten Anti-Terrorkampf angewendet werden. Zudem besteht keine erkennbare sachliche Notwendigkeit für die Ausweitung des Ausnahmezustands zum Normalfall. Zwar hält die amerikanische Regierung auch unter Präsident Obama am Kriegsparadigma fest, aber andere Staaten und ein überwiegender Teil der Rechtswissenschaftler sind ihr darin nicht gefolgt. Das Recht des bewaffneten Konflikts kann militärische Gewalt gegen Terroristen als Beteiligte an regionalen Konflikten wie zum Beispiel in Pakistan oder im Jemen zulassen. Es bietet aber keine allgemeine Rechtsgrundlage für die Anwendung militärischer Gewalt gegen Terroristen. Das Recht gestattet den Staaten im Regelfall auch weiterhin nur, mit polizeilichen Mitteln gegen Terroristen vorzugehen, und verpflichtet sie, diesen bei einem Verdacht auf strafbare Handlungen ein rechtstaatliches Verfahren zu gewähren. Dass viele Staaten ihren terroristischen Gegnern diese Rechte in der Praxis nicht gewähren, steht auf einem anderen Blatt.

Neben der Frage der rechtmäßigen Bekämpfung von Terroristen warf 9/11 auch die Frage auf, wie weit das Recht auf Selbstverteidigung reicht, auf das sich die USA bei ihrem Einmarsch in Afghanistan und im Irak beriefen. Grundsätzlich gilt für alle Staaten das Gewaltverbot der UN-Charter, das jegliche militärische Gewalt zwischen Staaten untersagt. Dies gilt nur dann nicht, wenn ein Staat auf der Grundlage einer Resolution des Sicherheitsrates oder zur Selbstverteidigung handelt. Wenn ein Staat gegen Terroristen in einem anderen Staat gegen den Willen dieses Staates militärisch vorgeht, dann muss er sich hierbei also auf das Selbstverteidigungsrecht oder eine UN-Resolution berufen können. Wenn es keine Resolution des Sicherheitsrates gibt, kommt es entscheidend darauf an, ob sich der angreifende Staat auf das Selbstverteidigungsrecht stützen kann.

Das Selbstverteidigungsrecht der UN-Charter ist nach wie vor staatenzentriert und restriktiv, indem es militärische Selbstverteidigung gegen einen Staat nur im Falle eines bewaffneten Angriffs dieses Staates erlaubt, wie zum Beispiel in der Reaktion auf den irakischen Einmarsch in Kuwait 1990. Für Angriffe einer nicht-staatlichen Einheit war ein Staat nur verantwortlich, wenn er diese kontrolliert hat. Politiker und Juristen betonten nach 9/11 jedoch, dass dies dem Phänomen global agierender Terrororganisationen, die aus einem Staat heraus Terrorakte gegen dritte Staaten planen und durchführen, nicht gerecht wird. Denn die Terroristen nutzen aus, dass manche Staaten zwar formal existieren, aber von einer staatlichen Kontrolle des Territoriums oder gar der Organisation selbst keine Rede sein kann – zum Beispiel in den Wüsten des Jemen oder den Bergregionen Pakistans. Das staatszentrierte Recht auf Selbstverteidigung geht in diesen Fällen an der Bedrohungsrealität vorbei. Schließlich ging 9/11 nicht vom Staat Afghanistan, sondern den terroristischen Organisationen aus, die sich dort niedergelassen hatten.

Die Staatengemeinschaft hat ihre Rechtsauffassung in diesem Fall angepasst: Der UN-Sicherheitsrat hat das amerikanische Recht auf Selbstverteidigung anerkannt und die Invasion Afghanistans zum Sturz der Taliban und der Bekämpfung der terroristischen Strukturen zugelassen. Staaten, die gefährliche Terroristen auf ihrem Staatsgebiet dulden und sich der internationalen Zusammenarbeit verweigern, müssen daher mit militärischen Gegenmaßnahmen rechnen. Einzelne Fragen bleiben aber umstritten. Was gilt zum Beispiel, wenn ein Staat zwar willens, aber außerstande ist, gegen Terroristen auf dem eigenen Gebiet vorzugehen? Muss er dann fremde militärische Interventionen akzeptieren oder nicht-militärische Unterstützung annehmen? In der Praxis waren solche Fragen bislang wenig bedeutsam, weil umsichtige Diplomatie (meist der USA) betroffene Staaten wie Afghanistan, Pakistan oder den Jemen in die internationale Zusammenarbeit bei der Terrorbekämpfung einbezogen hat. Die Dramatik der Anschläge vom 11. September verschaffte diesem völkerrechtlichen Problem neue Aufmerksamkeit, aber unter Fachleuten wurde es schon lange zuvor diskutiert.

Direkt nach den Anschlägen des 11. September wurde jedoch vorübergehend der Sicherheitsrat der Vereinten Nationen zu einer Art globalem Rechtssetzer. So verurteilte er die Terroranschläge des 11. September schon am Folgetag scharf und stellte fest, dass er solche Akte, wie jeden Akt des internationalen Terrorismus, als eine Bedrohung für den Frieden und die internationale Sicherheit betrachtet. Damit erkannte der Sicherheitsrat erstmals ein abstraktes Phänomen als Bedrohung für Frieden und Sicherheit an. Kurze Zeit später legte er umfassende Verpflichtungen für den Anti-Terrorkampf und die Bekämpfung der Verbreitung von Massenvernichtungswaffen für alle Staaten verbindlich fest. Die Staaten haben sich seitdem einer internationalen Überwachung ihrer Maßnahmen durch den Sicherheitsrat zu stellen. Das Büro der Vereinten Nationen für Drogen und Verbrechensbekämpfung (UNODC) agiert als Berater bei der Umsetzung dieser völkerrechtlichen Verpflichtungen, deren Bedeutung sich an der Ausarbeitung von Anti-Terror-Modellgesetzen und deren fortwährender Umsetzung durch nationale Gesetzgeber zeigt. Als der ehemalige libanesische Ministerpräsident Rafik Hariri im Februar 2005 bei der Explosion einer Autobombe in Beirut ums Leben kam, beförderte der Sicherheitsrat die Schaffung des Sondertribunals für den Libanon. Hier wurde erstmals ein internationales Gericht zur strafrechtlichen Aufklärung und Aburteilung eines Terroraktes geschaffen. Allerdings ist dies bisher ein Einzelfall mit noch offenem Ergebnis.

Kristallisationspunkt der juristischen Auseinandersetzung um die Terrorismusbekämpfung war jedoch die Frage der Individualsanktionen gegen Terroristen und Terrororganisationen durch den Sicherheitsrat. Mit Individualsanktionen verpflichtet der Sicherheitsrat alle UN-Mitgliedsstaaten, gegen bestimmte Personen und Organisationen Reiseverbote auszusprechen oder Finanzmittel einzufrieren. Schon 1999 erließ der Sicherheitsrat solche Sanktionen gegen al-Qaida und die Taliban beziehungsweise deren Mitglieder und Unterstützer. Infolge des 11. September stieg die Zahl der mit Sanktionen belegten Personen sprunghaft an, was schwierige Fragen nach dem Rechtsschutz für die betroffenen Personen aufwarf. Denn die Betroffenen konnten gegen diese Maßnahmen keine Rechtsmittel beim Sicherheitsrat einlegen. Nach und nach ergänzte der Sicherheitsrat das Sanktionsregime um bestimmte Verfahrensstandards und humanitäre Ausnahmen etwa zur Deckung des minimalen persönlichen Lebensbedarfs. Jedoch fehlte es auch weiterhin an einer unabhängigen und effektiven Kontrolle. Schließlich erklärte der Europäische Gerichtshof 2008 in einer bahnbrechenden Entscheidung die vorbehaltlose Umsetzung der UN-Individualsanktionen durch die EU und ihre Mitgliedsstaaten für rechtswidrig. Damit hat der Gerichtshof der bis dahin fast unbegrenzt erscheinenden Rechtsmacht des Sicherheitsrates spürbare Grenzen aufgezeigt und diese unter den Vorbehalt des Schutzes der Menschenrechte gestellt. Der Sicherheitsrat reagierte und richtete das Amt eines Ombudsmann ein, der fortan die Aufhebung von Individualsanktionen beaufsichtigen und einen Dialog zwischen den beteiligten Parteien ermöglichen soll, ohne jedoch verbindlich in das Verfahren eingreifen zu können. Das Sanktionsverfahren hat damit an Rechtsstaatlichkeit gewonnen, auch wenn die Diskussion um die Arbeitsweise des Sicherheitsrates noch kein Ende gefunden haben dürfte.

Das Völkerrecht erwies sich also in der Folge des 11. September als stabil und vor den Eingriffen einzelner Staaten gut geschützt. Das innerstaatliche Recht hingegen stand unter dem Zugriff nationaler Gesetzgeber und Regierungen. Diese erließen eine Welle von Sicherheitsgesetzen, verstärkten die Anti-Terrorkapazitäten und weiteten die internationale Zusammenarbeit bei der Terrorismusbekämpfung aus. Schwerpunkte der Gesetzgebung waren dabei vor allem die Auskunfts- und Überwachungsbefugnisse der Sicherheitsbehörden. »Intelligence« (Informationsgewinnung) wurde zum zentralen Element der Verbrechensbekämpfungsstrategie vieler Staaten und zog einen erheblichen Anstieg der Erhebung von personenbezogenen Daten, etwa Telekommunikations- und Verkehrsdaten, sowie größere Befugnisse für die Nachrichtendienste nach sich.

Die schärfsten Reaktionen erfolgten in den USA. Schon einen Monat nach den Anschlägen beschloss der Kongress mit dem Patriot Act ein umfassendes Sicherheitspaket. Der Patriot Act und nachfolgende Gesetze weiteten die Auskunfts-, Durchsuchungs-, Abhör- und sonstigen Überwachungsbefugnisse amerikanischer Sicherheitsbehörden aus. Auch wurden das Einwanderungsrecht und das Anti-Terrorstrafrecht verschärft. Als besonders kontrovers erwies sich das neue Recht der amerikanischen Bundespolizei FBI, unabhängig von einem konkreten Tatverdacht Telekommunikations- und Finanzdaten einzelner Bürger einzuse-

hen, sofern diese Daten für ein Verfahren im Kontext der
Terrorismusbekämpfung relevant waren. Das FBI machte
von dieser neuen Kompetenz in zehntausenden Fällen Gebrauch, woraufhin amerikanische Bürgerrechtsorganisatio-
nen mehrfach mit Erfolg vor Gericht zogen. Der Kongress
schränkte die 2001 geschaffene Befugnis später wieder ein
und verbesserte vor allem die Rechtsschutzmöglichkeiten,
ohne die Kontroverse damit aber endgültig beizulegen.

Dagegen regelte der Kongress die Rechte der Gefangenen in Guantanamo im Gesetz über die Militärkommissionen (Military Commissions Act) sowie im Gesetz über die
Behandlung von Gefangenen (Detainee Treatment Act) erst
spät und schrittweise, nachdem der Oberste Gerichtshof
entschieden hatte, dass auch die Gefangenen in Guantanamo ein Recht auf eine richterliche Überprüfung ihrer Haft
haben und es verfassungswidrig sei, dass die Rechte der Gefangenen ohne Beteiligung des Kongresses allein von der
Regierung bestimmt werden. Zu beachten ist aber, dass einige Bereiche des Anti-Terrorkampfes noch nicht genau
geregelt worden sind und sich die US-Regierung hier allein auf die Ermächtigung zu kriegerischen Maßnahmen
durch den Kongress vom Tag nach den Anschlägen beruft.
Das gilt zum Beispiel für das Recht der Regierung, »feindliche Kombattanten« zu töten oder zu inhaftieren.

Nachhaltig verändert hat sich durch 9/11 die Struktur
des amerikanischen Sicherheitssektors. Präsident Bush schuf
noch 2001 das neue US-Heimatschutzministerium, in dem
22 zuvor selbständige Sicherheitsbehörden mit einem ge-
meinsamen Budget von heute über 40 Milliarden Dollar
vereinigt wurden. Darüber hinaus wurde der Geheimdienst
CIA auf Kosten der US-Streitkräfte zu einer kriegsführen-
den Einrichtung aufgewertet, indem ihm die Kontrolle über
unbemannte Kampfflugzeuge übertragen wurde. Diese so
genannten Drohnen, die Gebiete aus großer Höhe überwa-
chen und direkt bombardieren können, werden zur geziel-
ten Tötung von Terroristen eingesetzt. Bei einem ameri-

kanischen Drohnen-Angriff in Pakistan im Oktober 2010 starben nach Medienberichten auch mehrere deutsche Staatsbürger, die dort in Terrorlagern ausgebildet wurden und später neue Terrorzellen in Europa aufzubauen sollten.

Neben den USA haben viele andere Staaten – darunter auch Deutschland – seit dem 11. September 2001 ihre Sicherheitsgesetze verschärft. Diese Entwicklung ist auf teils drastische Kritik in der Öffentlichkeit gestoßen, muss aber nicht prinzipiell als bedenklich eingeschätzt werden, denn es gab gute Gründe zur Reform der Sicherheitsgesetze. Der internationale Terrorismus, religiös motivierte Extremisten und andere Kriminelle stellen eine Gefahr für zentrale Gemeinschaftsgüter dar. Neue Technologien wie das Internet und die Mobilkommunikation erforderten ebenso neue Regulierungen wie die nach 9/11 verstärkte internationale Zusammenarbeit in Sicherheitsfragen. In der Diskussion über die Ausweitung der Sicherheitsgesetzgebung nach dem 11. September ist vielfach verkannt worden, dass die gesetzliche Ausgestaltung von Freiheitsbeschränkungen ein rechtsstaatliches und demokratisches Gebot ist, das die Grundlagen der Freiheitsrechte der Bürger sichert. Auch ist mit dem Erlass neuer Gesetze noch keine Aussage über ihren praktischen Gebrauch getroffen. So machten deutsche Nachrichtendienste nach einem Bericht der Bundesregierung aus dem Jahr 2005 von den neuen Auskunftsbefugnissen nur recht selten Gebrauch. Diese Zurückhaltung der deutschen Behörden erklärt, warum zum Beispiel die Taliba Moschee in Hamburg, die einst Treffpunkt der Hamburger Attentäter des 11. September war, erst im August 2010 nach langjährigen Ermittlungen des Verfassungsschutzes verboten und geschlossen wurde.

Dennoch ist es durch die Forcierung der Terrorismusbekämpfung und durch die Erweiterung der Sicherheitsgesetze in vielen Staaten zu einer übermäßigen Beschränkung von Freiheitsrechten und einer Verletzung von Grund- und Menschenrechten gekommen. Der Anti-Terrorkampf verletzte, wie schon oft in der Vergangenheit, in zahlreichen Einzelfällen grundlegende Menschenrechte wie das Recht auf Leben, das Folterverbot, das Recht auf Bewegungsfreiheit, das Recht auf Meinungsfreiheit oder das Recht auf ein faires Strafverfahren. In Deutschland erregte besonders der Fall von Khaled el-Masri Aufsehen, der vermutlich durch die CIA von Mazedonien nach Afghanistan entführt und dort monatelang festgehalten und verhört wurde. Die Internationale Juristenkommission und der Sonderberichterstatter der Vereinten Nationen für Terrorismusbekämpfung haben in umfassenden Berichten zahlreiche solcher Rechtsverletzungen dokumentiert und dabei zu Recht festgestellt, dass es weder eine praktische Notwendigkeit, noch eine überzeugende Rechtfertigung für die Verletzung von Menschenrechten und Verfahrensstandards bei der Terrorismusbekämpfung gibt – eine grundsätzliche Erkenntnis, die auch mit Blick auf die Situation in Guantanamo formuliert wurde.

In Deutschland zeigte das Bundesverfassungsgericht der Regierung die Grenze zwischen notwendigen Sicherheitsmaßnahmen und inakzeptablen Eingriffen in die individuellen Freiheitsrechte auf. So erklärte es in der Entscheidung zum Luftsicherheitsgesetz den Abschuss von entführten Passagierflugzeugen durch die Luftwaffe sowohl wegen mangelnder Zulässigkeit eines Einsatzes der Bundeswehr im Inneren als auch wegen eines Verstoßes gegen die Menschenwürde unschuldiger Passagiere für verfassungswidrig. Von besonderer Bedeutung sind zudem die Entscheidungen zur Online-Durchsuchung, zur Rasterfahndung, zum Europäischen Haftbefehl oder jüngst zur Vorratsdatenspeicherung, in denen das Gericht eine verfassungswidrige Einschränkung von Grundrechten feststellte. Demgegenüber fiel die Rechtsprechung anderer Staaten zurückhaltender aus, allerdings setzten auch das amerikanische und das israelische Oberste Gericht und das britische Oberhaus dem Anti-Terrorkampf rechtliche Grenzen.

Somit hat sich die Rechtsordnung insgesamt als unverzichtbares Regulativ erwiesen, um die staatliche Gewaltanwendung zu begrenzen und in geordnete Verfahren zu lenken. Die Erklärung des Ausnahmezustandes, die von einigen wenigen in Anlehnung an den Weimarer Staatsrechtler Carl Schmitt gefordert wurde, oder grundlegend neue Regelungen waren nicht erforderlich und wären der falsche Weg gewesen, auf den 11. September zu reagieren. In der Geschichte gibt es zahlreiche Beispiele dafür, dass Staaten auf Gewaltakte mit der Verletzung von Menschenrechten, der Abkehr von rechtstaatlichen Schutzstandards und einer übermäßigen Hinwendung zu militärischen Mitteln antworteten. Dies war einerseits meist unnötig und hat andererseits oft zu einer Glorifizierung von und Solidarisierung mit Terroristen beigetragen und den Anti-Terrorkampf eher behindert als gefördert.

Die hier skizzierten Entwicklungen sind allerdings keineswegs allein auf den 11. September zurückzuführen. Während insbesondere die Hinwendung zum Kriegsrecht, die Verschärfung des Einwanderungsrechts und institutionelle Veränderungen in den USA sich eindeutig auf die Terroranschläge zurückführen lassen, waren die meisten der aufgezeigten Entwicklungen bereits vor 9/11 angelegt und hätten sich auch ohne die Anschläge in ähnlicher Weise durchgesetzt. Dies ist jedoch durch die Terrorakte des 11. September beschleunigt worden. So lassen sich Zentralisierungs- und Internationalisierungstendenzen im Recht bereits seit geraumer Zeit feststellen. Ähnliches gilt für die häufigere Anwendung präventiver Maßnahmen.

Die rechtliche Reaktion auf den 11. September ist Teil des fortwährend auszutarierenden Verhältnisses von Sicherheit und Freiheit. Die Gewährleistung von Sicherheit ist und bleibt eine genauso wesentliche Staatsaufgabe wie die Gewährleistung der Freiheit der Bürger. Freiheit und Sicherheit bedingen einander, und es gibt keine Freiheit ohne Sicherheit. Man mag streiten über Begriffe wie *Präventions-*

*staat* oder *Sicherheitsstaat*, wie sie etwa in den entsprechenden Diskussionen in Deutschland verwendet werden. Solche Begrifflichkeiten ermöglichen es, gewisse Entwicklungen der Staatsgewalt besser zu veranschaulichen, führen aber regelmäßig auch dazu, die Entwicklungen zu überzeichnen.

In den kommenden Jahren stellt sich für die Staaten die Aufgabe, ihre teils hastig geschaffene neue Sicherheitsarchitektur mit kritischem Blick zu institutionalisieren. Regierungen und Parlamente aller Staaten sollten die Maßnahmen, zu denen sie bisher gegriffen haben, schrittweise und systematisch im Lichte der aktuellen Bedrohungslage auf ihre sachliche Begründung, Effektivität und Übereinstimmung mit Grund- und Menschenrechten überprüfen und je nach Einzelfall beibehalten, anpassen oder aufheben. In den USA, wo die Veränderungen der Rechtsordnung am stärksten ausfielen und sich die Frage einer Überprüfung in besonderem Maße stellt, hat die neue Regierung unter Präsident Obama diesen Prozess bereits eingeleitet. Wo eine Anpassung an asymmetrische Bedrohungen bisher nur unzureichend erfolgt ist, muss der Gesetzgeber ebenfalls die Rechtsordnung weiterentwickeln. In Deutschland stellt sich in diesem Zusammenhang die Frage nach einem (verfassungsrechtlich eng begrenzten) Einsatz der Bundeswehr im Inneren. Eine wichtige Rolle kommt in diesem Prozess dem internationalen Erfahrungsaustausch und der Verständigung auf international anwendbare Schutzstandards zu, da hier teilweise noch erhebliche Unterschiede in den Rechtsordnungen der Staaten bestehen. In Terrorismusstrafverfahren etwa stellt sich immer wieder das Problem, wie der Schutz der Identität von Zeugen und Beweismitteln in einen bestmöglichen Ausgleich mit den Verteidigungsrechten des Angeklagten gebracht werden kann. Von zunehmender Bedeutung sind auch die Möglichkeiten einer demokratischen und rechtsstaatlichen Kontrolle von Nachrichtendiensten, ohne dabei berechtigte Sicherheitsinteressen zu gefährden.

Die mit der Terrorismusbekämpfung verbundenen recht-
lichen und praktischen Probleme bleiben komplex und
schwierig, sind aber nicht neu. Die Rechtsordnung konnte
sich nach dem 11. September in allen ihren wesentlichen
Grundsätzen behaupten und darlegen, dass Menschenrechte und rechtsstaatliche Verfahrensstandards einer effektiven
Terrorismusbekämpfung nicht entgegenstehen. Der Ruf
nach dem Ausnahmezustand ist verhallt.

*Michael Teichmann*

## ZUM WEITERLESEN

Büsching, Stephan. *Rechtsstaat und Terrorismus: Die sicherheitspolitische
  Reaktion der USA, Deutschlands und Großbritanniens auf den interna-
  tionalen Terrorismus.* Frankfurt/Main: Peter Lang, 2010.
Depenheuer, Otto. *Selbstbehauptung des Rechtsstaates.* Paderborn:
  Schöningh, 2007.
Frankenberg, Günter. *Staatstechnik: Perspektiven auf Rechtsstaat und
  Ausnahmezustand.* Berlin: Suhrkamp, 2010.
Huster, Stefan und Karsten Rudolf (Hrsg.). *Vom Rechtsstaat zum Prä-
  ventionsstaat.* Berlin: Suhrkamp, 2010.
Isensee, Josef (Hrsg.). *Der Terror, der Staat und das Recht.* Berlin: Dun-
  cker & Humblot, 2004.

**VERSCHWÖRUNG**  Das Bild auf der gegenüberliegenden Seite wurde am 14. September 2001 aufgenommen. Es zeigt den Schaden, den der Aufprall von American Airlines Flug 77 um 9:37 Uhr drei Tage zuvor am Pentagon angerichtet hatte. Der äußere Ring des amerikanischen Verteidigungsministeriums ist an einer Stelle völlig zerstört und ausgebrannt, weitere sind beschädigt, und alle Fenster in der Nähe der Einschlagstelle sind unter der Wucht der Explosion zersplittert. Das Bild ist ein Zeugnis der Zerstörung. Es zeugt von der Attacke der Komplizen von Mohammed Atta und Osama bin Laden, der 64 Menschen an Bord des Flugzeuges und 125 im Pentagon zum Opfer gefallen sind. Da aber direkt neben der Einschlagstelle eine riesige Flagge angebracht worden ist, kündet das Bild auch davon, dass die Attentäter es nicht geschafft haben, den Geist der USA zu brechen, sondern dass die Nation im Angesicht der Bedrohung näher zusammengerückt ist.

Manche Menschen jedoch sehen auf diesem Bild wesentlich mehr. Für sie sind diese und ähnliche Fotografien Beweise dafür, dass die offizielle Version dessen, was am 11. September 2001 geschehen ist, eine Lüge ist. Diese Menschen weisen darauf hin, dass der Schaden am Pentagon nicht von einem voll betankten Jet verursacht worden sein kann. Ein Passagierflugzeug dieser Größe, so wird argumentiert, hätte nicht nur größere Teile des Gebäudes zerstört, sondern auch ein anderes Einschlagloch hinterlassen. Dessen Form müsste zumindest grob derjenigen eines Flugzeugs entsprechen, man sollte also sehen, wo die Tragflächen auf das Gebäude aufgeschlagen sind. Auch das Argument, dass die Flügel beim Aufprall abgebrochen sind und das Loch deshalb diese Form hat, wird abgetan. Warum, so die Gegenfrage, liegen dann keine Flügelteile vor dem Loch, und überhaupt, wo sind die Überreste der anderen Flugzeugteile? Den Einwand, dass das Flugzeug während der Explosion vollständig verglüht ist, lassen diese Menschen auch nicht gelten: Warum behaupten die zuständigen Behörden dann, dass sie den Großteil der Opfer an Bord identifizieren konnten? Verbrennt DNA nicht schneller und früher als Flugzeugmotoren, die zum Teil aus Titan bestehen? So geht es immer weiter. Kein Argument kann die Skeptiker von der offiziellen Version der Geschehnisse überzeugen. Im Gegenteil: Jeder Versuch bestärkt sie nur in ihrem Glauben, angelogen zu werden.

Solche Menschen bezeichnet man gemeinhin als Verschwörungstheoretiker. Sie gehen davon aus, dass eine mehr oder weniger kleine Gruppe von Verschwörern im Verborgenen die Geschicke einer Nation oder sogar der ganzen Welt kontrolliert und unter dem Deckmantel von Chaos, Katastrophen oder inszenierten Konflikten die eigenen Interessen durchsetzt. Verschwörungstheoretiker finden überall Hinweise auf diese dunklen Machenschaften. Denn für sie gibt es keinen Zufall und keine blinden Flecken. Alles, was geschieht, geschieht, weil die Verschwörer es so wollen und weil es ihren Plänen nützt. Deshalb erzählen Verschwörungstheoretiker Geschichte auch immer von hinten. Sie fragen, wer von einem bestimmten Ereignis profitiert und identifizieren so die eigentlich Verantwortlichen. Im Falle von 9/11 ist das die eigene Regierung, der je nach Ausprägung der Verschwörungstheorie vorgeworfen wird, dass sie entweder von den Attacken im Vorhinein wusste und diese geschehen ließ oder die Angriffe mit der Unterstützung von Teilen des FBI, der CIA und des Militärs selbst geplant und durchgeführt hat, um aus der Krise Kapital zu schlagen und lang gehegte Pläne zur Ausweitung ihrer Macht zu verwirklichen.

Der Sprecher der Dokumentation *Loose Change* (Kleingeld), die das Magazin *Vanity Fair* als den ersten Blockbuster des Internetzeitalters bezeichnet hat, weil Millionen weltweit den Film auf Youtube gesehen oder bei Google heruntergeladen haben, drückt dies so aus: »Unsere gesamte Außen- und Innenpolitik basiert auf den Ereignissen des 11. September. Die Angriffe haben die Verabschiedung des Patriot Act ermöglicht, zur Einrichtung des Ministeriums für Heimatschutz geführt, die Invasion Afghanistans und des Iraks erleichtert und eine flächendeckende Überwachung im Inland gebracht. […] Fragt Euch: Was geschieht? Wo geht die Reise hin? Und wären wir heute hier ohne 9/11?« Für *Loose Change* und viele andere Filme und Bücher, die Verschwörungstheorien über den 11. September entwickeln, werden so die politischen Folgen des Ereignisses zum ultimativen Beweis dafür, wer die wahren Täter sind. Selbst dies kann man übrigens schon auf dem Bild des beschädigten Pentagons erkennen. Die frisch gehisste Flagge, so würden Verschwörungstheoretiker argumentieren, weist bereits darauf hin, dass unter dem Deckmantel des Patriotismus bald eine nationalistische Außenpolitik verfolgt werden wird und amerikanische Flaggen an ganz anderen Orten der Welt wehen werden. Die Wahrheit ist also im Bild sichtbar; man muss nur wissen, wonach man sucht.

Weiß man das, ist auch schnell klar, was das Pentagon wirklich getroffen hat, nämlich eine Cruise Missile-Rakete. Um dies zu beweisen, entfalten die Macher von *Loose Change* – und das funktioniert in anderen Verschwörungstexten ähnlich – zunächst die oben skizzierte Argumentation. Im Anschluss stellen sie dann den Bildern des Pentagons Aufnahmen von Slobodan Milosevics Belgrader Residenz gegenüber, die im Kosovo-Krieg von amerikanischen Cruise Missiles getroffen wurde. Die Ähnlichkeit der Einschlaglöcher dient als Beleg dafür, dass auch das Pentagon mit einer Rakete angegriffen wurde. Bewiesen ist dies damit rein objektiv natürlich noch nicht, für die Anhänger von Verschwörungstheorien aber, die man nicht umsonst als »believers«, als »Gläubige« bezeichnet, ist diese Erklärung viel überzeugender als die offizielle Version, bestätigt sie doch, was sie sowieso schon wussten: Die amerikanische Regierung steckt selbst hinter den Anschlägen.

Eine solche Argumentationsstruktur ist typisch für Verschwörungstheorien: Ausgangspunkt der Beweisführung sind fast immer die vermeintlichen Lücken und Ungereimtheiten der offiziellen Version – in diesem Fall das Einschlagloch und die fehlenden Wrackteile. Diese werden nun »erklärt«, indem teils abstruse Details – die Bilder von Milosevics Wohnsitz oder Aufnahmen von Flugzeugwracks, die nicht völlig verglüht sind – aus ihren ursprünglichen Kontexten herausgerissen werden, um diese Lücken zu füllen. Am Ende steht dann ein Argument, das zum Ausgangspunkt der Überlegungen zurückführt: Die wahren Schuldigen sind diejenigen, die man von vornherein verdächtig hat. Verschwörungstheoretiker aber argumentieren nicht nur zirkulär, sie lassen auch keinerlei Gegenbeweise zu. Alles, was die eigenen Beweise entkräften könnte, wird als Fälschung oder Irreführung abgetan und somit zu einem Beweis für die Verschwörung, da diejenigen, die ihr auf der Spur sind, offensichtlich auf eine falsche Fährte gelockt werden sollen.

Aufgrund solcher Argumentationsführungen und des dahinter stehenden Geschichtsbildes, das keinerlei Raum für Zufälle lässt, sind Verschwörungstheorien lange Zeit von der Forschung nicht ernst genommen und als eine Form der Paranoia abgetan worden. Dies ist insofern problematisch, da Verschwörungstheorien gerade in den USA – wenn auch nicht nur dort – eine lange Geschichte haben und weit verbreitet sind. Sie wurden seit jeher nicht nur von einigen psychisch Kranken am Rande der Gesellschaft geglaubt, sondern waren schon immer Teil des Mainstreams. Im 17. Jahrhundert waren die Puritaner überzeugt, dass der Teufel sich mit Katholiken, Quäkern und Indianern gegen sie verschworen hatte; im 18. Jahrhundert witterten die Bewohner der Kolonien erst ein Komplott der englischen Krone und dann eines der Freimaurer und Illuminaten; im 19. Jahrhundert wurden nacheinander Katholiken, Mormonen, Juden und Bankiers der Subversion verdächtigt; im 20. Jahrhundert imaginierte man lange Zeit kommunistische Intrigen, bevor sich die Verdächtigungen zunehmend gegen die eigene Regierung richteten. 2006 schließlich erklärte in einer Umfrage des Instituts Scripps-Howard mehr als ein Drittel der befragten Amerikaner, dass die Bush-Regierung die Anschläge des 11. September selbst durchgeführt oder geschehen lassen habe.

Weil es offensichtlich falsch ist, so viele Menschen als wahnsinnig abzustempeln, hat sich in den Kulturwissenschaften mittlerweile ein nuancierteres Verständnis von Verschwörungstheorien durchgesetzt, das die wichtigen Funktionen berücksichtigt, die solche Theorien erfüllen. Verschwörungstheorien vereinfachen und verkomplizieren zugleich die realen Verhältnisse. Sie vereinfachen, indem sie alles, was passiert, auf die Machenschaften einer Gruppe von Verschwörern zurückführen. So identifizieren sie Sündenböcke, die Schuld daran sind, dass guten Menschen böse Dinge geschehen, wie es der Historiker Dieter Groh einmal formuliert hat. Aber Verschwörungstheorien machen die Welt auch komplizierter, wie sich am Beispiel des Kennedy-Attentats beobachten lässt, um das sich unzählige Verschwörungstheorien ranken. Die offizielle Version, wonach Lee Harvey Oswald alleine gehandelt hat, ist ganz einfach; geht man dagegen von einem Komplott der Mafia, der CIA oder einer anderen Gruppe aus, werden die Dinge ungleich komplizierter, da man es nun mit einem schier unendlichen Netzwerk von Mitwissern, Motiven und Vertuschungsversuchen zu tun hat. Ordnet die Vereinfachung den Verschwörungstheoretiker im fantasierten Kampf zwischen Gut und Böse der Seite des Guten zu, so hebt die Verkomplizierung ihn gleichzeitig aus der Masse der Opfer heraus. Er versteht im Gegensatz zu den Menschen um ihn herum, was vor sich geht, und vergewissert sich so seiner eigenen Bedeutung.

Das »er« im letzten Satz ist ganz bewusst gewählt, da es sich bei Verschwörungstheoretikern, die ihre Regierung eines Komplotts gegen die eigene Bevölkerung beschuldigen, fast immer um Männer handelt. Solche Verschwörungstheorien sind in den USA gerade seit den 1960er Jahren äußerst prominent. Da sich diese Art von Verschwörungstheorien somit parallel zu Frauenbewegung und Emanzipation verbreitet, müssen solche Theorien auch als eine Form der männlichen Selbstbestätigung verstanden werden: Sie reagieren auf Krisen der männlichen Identität, die durch solche gesellschaftlichen Veränderungen ausgelöst werden, die das Kapitel über Männer detailliert behandelt.

Die geschlechtliche Dimension von Verschwörungstheorien lässt sich an Dokumentationen wie *Loose Change* nur sehr indirekt beobachten, da die Verschwörungstheoretiker selbst in solchen Filmen praktisch immer anonym bleiben und kaum jemals im Bild erscheinen. In Spielfilmen, die Verschwörungsszenarien entwerfen, wird dieser Aspekt aber umso deutlicher. Der FBI-Agent Fox Mulder in der TV-Serie *Akte X*, der von Robert Redford gespielte CIA-Analyst Joseph Turner in *Die 3 Tage des Condors* oder Staatsanwalt Jim Garrison (gespielt von Kevin Costner) in Oliver Stones' *JFK – Tatort Dallas* müssen alle erst einmal ihre Probleme mit den Frauen in ihrem Leben in den Griff bekommen. Dies ist die Bedingung dafür, dass es ihnen gelingt, die Verschwörung, der sie auf der Spur sind, effektiv zu bekämpfen. Fox Mulder muss seine Kollegin Scully davon überzeugen, dass es wirklich ein Komplott der Regierung gibt; Jim Garrison muss das Gleiche bei seiner skeptischen Frau leisten und so Familienfrieden wiederherstellen, der durch seine wie besessen geführten Ermittlungen gestört wurde. Redford schließlich hat erst die Kraft, den Verschwörern erfolgreich entgegenzutreten, nachdem er mit Faye Dunaway geschlafen und sich so seiner Männlichkeit versichert hat.

Verschwörungstheorien haben aber nicht nur eine individuelle, sondern auch eine soziale Funktion. Wie der amerikanische Jurist Mark Fenster gezeigt hat, sollten Verschwörungstheorien als Reaktionen auf wirkliche Krisen und Missstände verstanden werden: Sie sind »on to something«, sind also »etwas auf der Spur«. Fenster meint damit, dass Verschwörungstheorien zwar fast immer und in offensichtlicher Weise falsch liegen, wenn sie Gruppen der Konspiration bezichtigen und dafür Beweise präsentieren; gleichzeitig jedoch weisen sie auf Probleme des politischen Systems hin. Wenn der Sprecher von *Loose Change* erklärt, dass Amerika »von einer Gruppe von Tyrannen gekidnappt« worden ist, ist dies im wörtlichen Sinne natürlich falsch. Die weit verbreitete Vision eines Komplotts der Regierung gegen die eigenen Bürger kann aber als Hinweis darauf gesehen werden, dass sich viele Amerikaner von ihren gewählten Vertretern nicht mehr angemessen vertreten fühlen. Sie haben – womöglich berechtigterweise – das Gefühl, dass die Interessen der Wirtschaft und anderer Gruppen über die ihrigen gestellt werden und dass sie durch Wahlen nur noch sehr begrenzt Einfluss auf die letztlich praktizierte Politik nehmen können. In diesem Sinne sind Verschwörungstheorien eine verschobene und populistische Reaktion auf reale Probleme, bei der die durchaus vorhandene politische Energie der »Gläubigen« verpufft. Verschwörungstheoretiker bleiben fast immer im Kreislauf der Interpretation gefangen, da es immer noch eine Fährte gibt, der es nachzuspüren gilt, oder ein weiteres Detail in die Theorie integriert werden muss; zu politisch Handelnden werden sie nur selten. Sie machen, wenn auch unwillkürlich, auf gesellschaftliche Fehlentwicklungen aufmerksam, tragen aber nicht zu deren Korrektur bei.

Auch die neuere Forschung steht somit Verschwörungstheorien weiterhin kritisch gegenüber, betrachtet sie aber wesentlich differenzierter als die breite Öffentlichkeit. Im Alltagsgebrauch ist es eine Beleidigung und oft ein Mittel der Diskreditierung, jemanden als Verschwörungstheoretiker zu bezeichnen. Deshalb würden nicht einmal diejenigen, die ganz eindeutig an Verschwörungstheorien glauben und andere offen eines Komplotts bezichtigen, sich selbst so nennen, sondern diese Bezeichnung weit von sich weisen. Dies

hat aber nichts mit dem Weltbild zu tun, das Verschwörungstheorien transportieren, denn zu diesem bekennen sich ihre
Anhänger ja offen, sondern hängt vielmehr mit dem Begriff
selbst zusammen. Theorien nämlich genießen außerhalb des
wissenschaftlichen Kontexts nicht automatisch hohes Ansehen, sondern rufen Assoziationen von Realitätsferne und
Weltfremdheit hervor. Wahre Verschwörungstheoretiker aber
nehmen ja gerade für sich in Anspruch, die realen Verhältnisse nicht zu verkennen, sondern – im Gegensatz zur brei-
ten Masse – zu durchschauen. Wir fantasieren nicht von
Komplotten, so würden sie argumentieren, sondern entlar-
ven wirklich existierende Verschwörungen. Die Verschwörungstheoretiker sind also immer die anderen.

Der schlechte Ruf von Verschwörungstheorien sollte jedoch nicht den Blick darauf verstellen, dass alle Erklärungen dessen, was am 11. September 2001 geschehen ist, in
einem neutraleren Sinne Verschwörungstheorien sind. Die
offizielle Theorie beschuldigt Osama bin Laden, sein Netzwerk al-Qaida und 19 arabische Männer der Verschwörung
gegen die USA; die inoffiziellen Theorien beschuldigen die
Bush-Regierung und andere Institutionen der Verschwörung gegen das eigene Volk. Dass die meisten Menschen in
den USA und Europa die offizielle Theorie glauben und
die inoffizielle als Verschwörungstheorie im abschätzigen
Sinne betrachten, hängt natürlich zunächst einmal damit
zusammen, dass die offizielle Version glaubwürdiger ist, weil
sie auf den besseren Beweisen beruht und nicht so kompli-
zierte Wendungen vollzieht wie die inoffiziellen Varianten.
Nicht vernachlässigt werden darf auch die Tatsache, dass die
Vertreter der offiziellen Version – Politiker und Journalisten
– höheres öffentliches Ansehen genossen als die Befürwor-
ter der inoffiziellen Erklärungen und man daher von vornherein eher geneigt war, ihnen zu glauben.

Ein hoher Grad an Glaubwürdigkeit und der Vertrauens-
vorschuss, der mit ihm einhergeht, können aber natürlich
auch dazu benutzt werden, um Verschwörungstheorien im

negativen Sinne Gewicht zu verleihen. Auch hierfür findet sich im Zusammenhang mit den Ereignissen des 11. September ein Beispiel. Letztendlich wurde nämlich auch die offizielle Version der Geschehnisse von einer Verschwörungstheorie im neutralen Sinne zu einer im negativen Sinne – und zwar in dem Moment, als ihre Vertreter begannen, in vielfältiger Art und Weise Verbindungen zwischen Osama bin Laden und den Anschlägen auf das World Trade Center und das Pentagon einerseits und Saddam Hussein und Massenvernichtungswaffen im Irak andererseits herzustellen. Colin Powells Auftritt vor dem Weltsicherheitsrat Anfang 2003 unterschied sich schließlich, was das Weltbild und den Wert der präsentierten Beweise betrifft, nicht mehr von den inoffiziellen Verschwörungstheorien – insbesondere aus der heutigen Sicht, wo klar ist, dass es im Irak weder Massenvernichtungswaffen noch Verbindungen zu al-Qaida gab.

Doch selbst wenn man den Blick auf die Ereignisse des 11. September und deren Ursachen beschränkt, bestehen, wie der englische Kulturwissenschaftler Peter Knight gezeigt hat, zwischen der offiziellen Verschwörungstheorie und den inoffiziellen Gegentheorien mehr strukturelle Parallelen, als beiden Seiten lieb sein dürfte. Die Theorien beider Seiten gründen auf einem tief in der amerikanischen Kultur verankerten Glauben an die Fähigkeit des Individuums oder kleiner Gruppen von Individuen, Einfluss auf große historische Prozesse nehmen zu können. Zudem liegt den Theorien beider Lager ein manichäisches Weltbild zugrunde, in dem die Verschwörer jeweils das absolut Böse repräsentieren und Amerika für das Gute steht. Im Fall der offiziellen Version ist Amerika das unschuldige Opfer einer Attacke von außen, die gerade erst begonnen hat; in den inoffiziellen Versionen dagegen ist dieses Komplott schon länger in Gange, da es den unamerikanischen Feinden des Volkes bereits gelungen ist, die Zentralregierung unter ihre Kontrolle zu bringen. Somit bestätigen sowohl die offizielle als auch die inoffiziellen Erklärungen der Ereignisse den

Glauben an einen amerikanischen Exzeptionalismus – an die erstmals im 19. Jahrhundert von Alexis de Tocqueville diagnostizierte Überzeugung, dass die Vereinigten Staaten dem Rest der Welt moralisch überlegen seien.

Dieser Glaube an die eigene Besonderheit steht im Zentrum vieler amerikanischer Verschwörungstheorien, und er liefert eine Erklärung dafür, warum solche Theorien gerade in den USA so prominent sind und sich dort wesentlich größerer Beliebtheit erfreuen als in weiten Teilen Europas: Die Amerikaner werden in dieser Sicht immer wieder deshalb von äußeren Feinden und von Verrätern von innen angegriffen, weil sie das Gute verkörpern. Die unzähligen gegen die USA gerichteten Verschwörungen beglaubigen somit deren besonderen Status. Das gilt für die puritanischen Siedler, die sich durch die Komplotte des Teufels in ihrer Rolle als auserwähltes Volk Gottes bestätigt sahen, ebenso wie für die Protestanten des 19. Jahrhunderts, die überzeugt waren, dass das demokratische Regierungssystem des Landes den despotischen Monarchen Europas und dem Papst ein Dorn im Auge sein musste, weshalb diese versuchten, mit Hilfe der katholischen Einwanderer die USA zu erobern. Es gilt für die Amerikaner, die während des Kalten Krieges die kommunistische Unterwanderung im Auftrag Moskaus fürchteten, und es gilt für diejenigen, die zu Beginn des 21. Jahrhunderts entweder den Islam oder die eigene wirtschaftliche und politische Elite als Feinde amerikanischer Werte begreifen.

Natürlich gäbe es ohne die Anschläge auf das World Trade Center und das Pentagon keine Verschwörungstheorien zu 9/11. Aber aus dem bisher Gesagten folgt bereits, dass sich die Verschwörungstheorien, die sich um den 11. September ranken, nicht grundlegend von älteren Theorien unterscheiden, in denen es um Katholiken, Kommunisten oder Kennedy geht. Den 9/11-Verschwörungstheorien liegt dasselbe Geschichtsverständnis und dasselbe Weltbild zugrunde wie ihren Vorgängern, und sie bedienen sich der gleichen Argumentations- und Interpretationsmuster wie diese. Nichts in der Geschichte ist Zufall; nichts ist, wie es scheint; alles ist miteinander verbunden; und alles geschieht so, wie es die Gruppe von Verschwörern geplant hat, um ihre Ziele durchzusetzen. Das Ziel des Komplotts sind die USA, weil diese als Bastion von Freiheit und Demokratie all diejenigen Werte verkörpern, gegen die sich die Verschwörung richtet. Die Verschwörer agieren im Geheimen; wer aber weiß, dass es sie gibt, findet überall Beweise für ihre Existenz und ihr Handeln. Wer weiß, dass Lee Harvey Oswald nicht alleine gehandelt hat, sieht auf den Filmaufnahmen des Kennedy-Attentats deutlich, dass der entscheidende Schuss von vorne kam und somit von einem zweiten Schützen abgefeuert worden sein muss. Wer weiß, dass das World Trade Center nicht durch den Einschlag der Flugzeuge, sondern durch Sprengstoff zum Einsturz gebracht wurde, sieht auf den Bildern vom Kollaps der Zwillingstürme die Explosionen der Bomben in den Gebäuden. Und wer weiß, dass kein Flugzeug das Pentagon getroffen hat, findet auf den Bildern von der Einschlagstelle dafür eine Fülle von Beweisen.

Auch für den Bereich der Verschwörungstheorien stellt 9/11 somit keinen Bruch dar; die Angriffe hatten »lediglich« einen Katalysatoreffekt. Theorien, in denen Mitglieder der Regierung des Komplotts bezichtigt werden, waren in den USA seit den 1960er Jahren weit verbreitet; durch 9/11 haben sie allerdings neuen Auftrieb erhalten und weitere Verbreitung erfahren. Das sieht man besonders deutlich an den zahlreichen Filmen und Büchern aus den letzten zwei bis drei Jahren, die sich nicht mehr allein auf die Ereignisse von 2001 konzentrieren, sondern diese aus etwas mehr Abstand in umfassendere Verschwörungstheorien einordnen. So behandelt die 2009 veröffentlichte, vierte Version von *Loose Change* nicht mehr nur den 11. September, sondern auch den Reichstagsbrand und die Ermordung John F. Kennedys als Beispiele dafür, wie sich immer und überall – besonders aber in den USA – die Regierenden gegen das eigene Volk verschwören. Auf ähnliche Art und Weise interpretiert der in den USA äußerst prominente Radiomoderator und Verschwörungstheoretiker Alex Jones in seinem ebenfalls 2009 veröffentlichten Film *The Obama Deception* die Ereignisse des 11. September. Für Jones sind 9/11, die Wahl Barack Obamas 2008 sowie eine ganze Reihe weiterer Ereignisse des letzten Jahrhunderts das Werk der so genannten Neuen-Weltordnungs-Verschwörung. Bei den angeblichen Verschwörern handelt es sich um eine Gruppe von Bankiers und Superreichen, die seit Beginn des 20. Jahrhunderts die Geschicke der USA und der ganzen Welt im Geheimen kontrollieren. Diese Gruppe inszeniert immer wieder Katastrophen wie 9/11 oder die Finanzkrise von 2008, um die eigene Macht auszuweiten, und sie kontrolliert ebenso lange schon die amerikanischen Regierungen. Obama ist dieser Theorie zufolge ebenso eine Marionette der Neuen Weltordnung wie es George W. Bush sowie dessen Vater und Bill Clinton vor ihm waren.

Derartige Verschwörungstheorien entbehren offensichtlich jedweder faktischen Grundlage. Man darf sie aber nicht als paranoide Hirngespinste abtun, sondern sollte sie, wie Mark Fenster dies vorschlägt, als Symptom einer Krise des politischen Systems verstehen, der sie auf der Spur sind und der sie in verzerrter Art und Weise Ausdruck verleihen. Im Kontext dieses Buches jedoch sind sie noch etwas anderem auf der Spur: Verschwörungstheoretiker mögen sich oft irren; sie haben aber Recht damit, dass mit dem 11. September nicht alles anders geworden ist.

*Michael Butter*

## ZUM WEITERLESEN

Fenster, Mark. *Conspiracy Theories: Secrecy and Power in American Culture*. Minneapolis: University of Minnesota Press, 2008.

Groh, Dieter. »Die verschwörungstheoretische Versuchung, oder: Why do bad things happen to good people?« Ders. *Anthropologische Dimensionen der Geschichte*. Frankfurt/Main: Suhrkamp, 1992.

Hobuß, Steffi. »›Die Wahrheit ist irgendwo da draußen‹: Verschwörungstheorien zum 11.09.2001 und die Frage nach dem Entkommen aus der Skepsis«. Matthias N. Lorenz (Hrsg.). *Narrative des Entsetzens: Künstlerische, mediale und intellektuelle Deutungen des 11. September 2001*. Würzburg: Königshausen & Neumann, 2004.

Knight, Peter. »Outrageous Conspiracy Theories: Popular and Official Responses to 9/11 in Germany and the United States«. *New German Critique* 35.1 (2008).

Wippermann, Wolfgang. *Agenten des Bösen: Verschwörungstheorien von Luther bis heute*. Berlin: be.bra, 2007.

**ANTI-AMERIKANISMUS** Der Schriftzug unter der
Wandmalerei an einem zehnstöckigen Gebäude in der iranischen Hauptstadt Teheran wünscht den Vereinigten Staaten
von Amerika den Tod und beschreibt damit einen Teil des
ideologischen Fundaments der Islamischen Republik Iran:
einen ausgeprägten, staatstragenden Anti-Amerikanismus.
Ähnliche Wandmalereien finden sich im gesamten Land. Seit
der Revolution von 1979 gehört die Beschimpfung des großen Satans, gemeint sind die Vereinigten Staaten, und des
kleinen Satans, gemeint ist Israel, zu den sorgsam gepflegten
Ritualen der staatlich verordneten Freitagsgebete. Nur ein
einziges Mal wurde während der Freitagsgebete auf die Forderung nach dem Tode Amerikas verzichtet: Drei Tage nach
den Anschlägen vom 11. September 2001 sahen auch die
Vorbeter im Iran von dem obligatorischen und gewohnten
Schlachtruf ab. Für einen Moment erschienen die Vereinigten Staaten nicht jene unantastbare, unbesiegbare Supermacht zu sein, für die sie allgemein gehalten wurden. Die damit verbundene globale Solidarität ließ die Hoffnung
aufkommen, die Anschläge vom 11. September 2001 könnten womöglich eine Phase größerer Entspannung zwischen
den Vereinigten Staaten und den Staaten und Gesellschaften
des Mittleren Ostens eröffnen. Doch der gleichzeitig beginnende Krieg gegen den Terror sorgte dafür, dass sowohl in
Europa als auch im Nahen und Mittleren Osten anti-amerikanische Ressentiments schnell wieder auflebten.

Der Übergang von legitimer Amerikakritik zum Anti-
Amerikanismus lässt sich im Wesentlichen an zwei Argumen-
tationsmustern festmachen. Erstens wird aus Amerikakritik
dort Anti-Amerikanismus, wo die an der amerikanischen Po-

litik geübte Kritik zur Ablehnung des Wesens der Vereinigten Staaten insgesamt führt. Anders formuliert: Wo die Kritik an der amerikanischen Politik an vermeintliche Charakterzüge und Merkmale der USA an sich rückgebunden wird, wird ein anti-amerikanisches Ressentiment bedient. Zweitens lässt sich Anti-Amerikanismus an der Herauslösung der kritisierten Handlungen aus einem spezifischen, historischen Kontext und einer damit einhergehenden Verzerrung des Amerikabildes erkennen. So ist es beispielsweise legitim, darüber zu streiten, ob der Krieg der USA in Vietnam in erster Linie als sicherheitspolitische Notwendigkeit, strategischer Fehler oder menschenverachtendes Verbrechen zu sehen ist. Auf ähnliche Weise verlangen in der jüngeren Geschichte die Skandale im irakischen Gefängnis Abu Ghraib und die Menschenrechtsverletzungen in Guantanamo nach einer Kritik an Amerika. Werden diese Beispiele aber bemüht, um auf einen unabänderlichen Charakterzug der amerikanischen Gesellschaft oder Kultur hinzuweisen, wird aus einer berechtigten Amerikakritik ein anti-amerikanisches Vorurteil.

Das erste Argumentationsmuster des Anti-Amerikanismus, der Angriff auf das Wesen Amerikas, reicht bis in das 19. Jahrhundert zurück. Sein erstes Hoch erreichte er mit den Schriften romantischer Autoren in Frankreich und Deutschland. Die amerikanische Unabhängigkeitserklärung von 1776 hatte die erste moderne Demokratie geschaffen, dreizehn Jahre bevor mit der französischen Revolution der Anlauf zur europäischen Demokratisierung begann, die allerdings zunächst eine konservative Reaktion hervorrief. Bestimmte Gruppierungen in der Romantik betrachteten nämlich die europäischen, meist monarchistischen Regierungsverhältnisse als natürlich und der amerikanischen Demokratie weit überlegen. Einige zeitgenössische Schriftsteller, etwa Cornelius de Pauws, hielten die Vereinigten Staaten für eine dem Untergang geweihte Gesellschaft; sie glaubten, in deren Verbindung mit den amerikanischen Ureinwohnern die unausweichlich bevorstehende Degeneration Amerikas zu erkennen. Auch wenn sich schon Thomas Jefferson gegen diese Vorstellung wandte, so blieb in Europa diese romantische Interpretation der amerikanischen Verhältnisse selbst über das Ende der romantischen Epoche hinaus tonangebend. Seit dem frühen neunzehnten Jahrhundert galt Amerika zwar nicht mehr als degeneriert, aber europäische Intellektuelle betrachteten es als künstlich, unauthentisch, traditions- und wurzellos. Die anti-koloniale Revolution, aus der die Vereinigten Staaten hervorgingen, war unvereinbar mit der Vorstellung von Staatsgebilden, die auf einer den Staat tragenden, natürlich geformten Nation aufgebaut sein mussten. Hierin wird die entscheidende Kontinuitätslinie des Anti-Amerikanismus deutlich, die von Autoren des romantischen Zeitalters geprägt wurde: Er bezieht sich auf das Wesen Amerikas und nicht auf die Politik der Vereinigten Staaten.

Zweitens ist die Herauslösung der Kritik aus dem historischen Kontext kennzeichnend für den Anti-Amerikanismus. Diese Verneinung historischer Zusammenhänge erlaubt die für den Anti-Amerikanismus typische Verzerrung in der Darstellung der Vereinigten Staaten und ihrer Politik. Die amerikanische Unterstützung für den kubanischen Diktator Batista in den 1950er Jahren, die Intervention im Kongo in den frühen 1960er Jahren und der Krieg in Vietnam speisten bereits zu Beginn der zweiten Hälfte des 20. Jahrhunderts anti-amerikanische Ressentiments in Europa. Die Herauslösung dieser Konflikte aus dem Kontext des Kalten Krieges oder der beginnenden Dekolonialisierung – immerhin eine Gegenreaktion auf europäischen Kolonialismus und Imperialismus – gehört zu den charakteristischen Momenten des Anti-Amerikanismus. Geschieht diese Herauslösung im Rückblick, fördert sie eine selektive Wahrnehmung und Verzerrung der Rolle Amerikas, die den Einfluss Amerikas auf weltpolitische Entwicklungen oft größer erscheinen lässt, als er tatsächlich war. Indirekt wird damit eine stärkere Abwehrreaktion gegen die Politik der Vereinigten Staaten hervorgerufen. Gleichzeitig wird damit verdeckt, dass sowohl die Bürgerrechtsbewegung als auch die Opposition zum Vietnam-Krieg in Amerika ihren Ausgang nahmen. Der Anti-Amerikanismus klammert also die gesellschaftliche Entwicklung Amerikas aus und konzentriert sich allein auf das angeblich imperiale Auftreten amerikanischer Regierungen.

Die beiden Argumentationsmuster des Anti-Amerikanismus ermöglichen den Rekurs auf klassische anti-amerikanische Stereotype: auf die Kulturlosigkeit Amerikas, seinen Materialismus und seine allgegenwärtige Profitgier. Dieser Anti-Amerikanismus verstellte schon vor dem 11. September 2001 den Blick auf das europäische Erbe der Vereinigten Staaten, denn in der Verfassung der amerikanischen Demokratie gingen die Ideen europäischer Philosophen auf, von John Locke bis Montesquieu. In dieser Hinsicht fand in den Vereinigten Staaten von Amerika Europa seine Vollendung, noch bevor Europa sein intellektuelles, demokratisches Erbe selbst anzutreten bereit war. In der Gründung der Vereinigten Staaten vollendete sich erstmals die Idee der Aufklärung, die in Europa ihren Ursprung genommen hatte, in einer ausgestalteten Demokratie. Dieses historische Überholmanöver war nicht weniger als der Auftakt zu einer Beschleunigung der historischen Entwicklung. Fortan war es Amerika, das als Motor der Geschichte den Weg und das Tempo historischer Modernisierungsprozesse vorgab. Das machte aus folgenden Demokratisierungsprozessen in Europa immer auch eine Amerikanisierung. In Amerika spiegelte sich seither das Potential der intellektuellen Entwicklung Europas.

Die Vereinigten Staaten waren daher immer beides: In ihrer Gründung kam es zwar einerseits zu einer Vollendung liberaler, europäischer Geistestradition, andererseits war in ihr auch der bewusste Gegenentwurf zum monarchistisch geprägten Europa des ausgehenden 18. Jahrhunderts angelegt. Diese Erfahrung verstärkte paradoxerweise das europäische Ressentiment gegenüber den Vereinigten Staaten. Denn erst das amerikanische Eingreifen im Ersten und Zweiten Weltkrieg ermöglichte es Europa, zu jenem demokratischen Kontinent zu werden, der es heute ist. Und erst die amerikanische Sicherheitsgarantie während des Kalten Krieges erlaubte Europa die Vollendung und Konsolidierung des europäisch inspirierten demokratischen Projektes. Die Amerikanisierung, die in Europa oft reflexhaft beklagt wird, ist im eigentlichen Sinne daher auch immer eine rückwirkende Europäisierung. Daraus entsteht der Spannungsbogen, der dem Anti-Amerikanismus seine anhaltende Schubkraft verleiht, denn er ist immer auch eine Selbstablehnung. Es ist diese Rolle des Erfüllungsgehilfen, die viele Intellektuelle Europas dem vermeintlich geschichts-, traditions- und wurzellosen Amerika nicht vergeben können. Schließlich brauchte Europa die Vereinigten Staaten, um Faschismus und Kommunismus zu beseitigen, wohingegen Amerika die Sklaverei ohne europäische Intervention überwunden hatte.

Schon Hannah Arendt weist in ihrem brillanten Essay *Europa und Amerika* darauf hin, dass der Anti-Amerikanismus zwar ein Zerrbild Amerikas liefere, dafür aber ein recht akkurates Bild der verbreiteten Vorurteile in Europa. Denn die Rede vom Anti-Amerikanismus erfüllt zwei widersprüchliche Funktionen: Erstens verspricht sie eine vermeintliche Emanzipation vom scheinbar übermächtigen transatlantischen Alliierten. Zweitens liefert sie damit den Anlass, einen wesentlichen – und vielen Gegnern des Liberalismus unbequemen – Teil des europäischen Erbes abzustoßen. Der Anti-Amerikanismus richtet sich folglich nicht gegen einen tatsächlich existierenden Amerikanismus, sondern ist vielmehr zu einem Kampfbegriff geworden, der sich gegen politische, wirtschaftliche und kulturelle Modernisierungsschübe richtet, die den betroffenen Gesellschaften Anpassungsschwierigkeiten bereiten. Der Anti-Amerikanismus attackiert insofern nur einen imaginierten Amerikanismus. So war in den 1950er Jahren aus dem moralisch inspirierten Protest gegen Atomwaffen eine allgemeine Gesellschaftskritik geworden, die im darauffolgenden Jahrzehnt in studentischen Kreisen mehrheitsfähig wurde. In dieser Phase richtete sich die Gesellschaftskritik zunehmend gegen die Konsumerfahrung der aufstrebenden westdeutschen Wohlstandsgesellschaft, deren moderne Kaufhäuser als das Sinnbild dieses aus Amerika importierten Konsumgedankens verstanden wurden, ganz ähnlich wie gegenwärtig McDonald's und Burger King die vermeintlich verheerende, amerikanische Konsumkultur ikonisieren.

Die linken Gesellschaftskritiker der späten 1950er und frühen 1960er Jahre sahen die Kehrseite dieser Wohlstandsgesellschaft in den Kriegen in Afrika, dem Mittleren Osten und vor allem in Vietnam, in denen sie einen mit dem Kapitalismus unvermeidlich verbunden Imperialismus ausmachten. Die Unterstützung der Vereinigten Staaten für Reza Schah Pahlevi im Iran und den kubanischen Diktator Batista bot die ersten realpolitischen Mobilisierungsmomente für den Anti-Amerikanismus. Die hier bereits mitschwingenden anti-amerikanischen Perspektiven wurden ausgerechnet in der Formationsphase der gegenwärtigen intellektuellen Elite Deutschlands und Europas angelegt und kamen folgerichtig in der bundesdeutschen Gesellschaft von den 1980er und 1990er Jahren an voll zum Tragen. So wurde aus dem zunächst gesellschaftskritischen Anti-Amerikanismus ein gesellschaftlich allgemein kompatibles anti-amerikanisches Ressentiment, dem jegliche Rückbindung an tatsächliche amerikanische Verhältnisse charakteristischerweise völlig fehlt. Der Politikwissenschaftler Sebastian Schwark bezeichnet diesen Anti-Amerikanismus daher treffend als »intellektuelle Folklore«.

Interessanterweise lassen sich die beiden europäischen Argumentationsmuster – Rückbindung an das Wesen Amerikas und Herauslösung aus dem historischen Kontext – auch im Anti-Amerikanismus im Nahen und Mittleren Osten finden. Bereits seit Beginn der zweiten Hälfte des 20. Jahrhunderts finden anti-amerikanische Ressentiments auch dort ein gesellschaftliches Echo. Dabei fokussiert sich der Anti-Amerikanismus in dieser Region auf drei Elemente amerikanischer Außenpolitik, die zu den Eckpfeilern amerikanischer Nahostpolitik stilisiert werden: Erstens wird die amerikanische Unterstützung Israels abgelehnt, die als klares Zeichen amerikanischer Parteinahme gilt. Obwohl diese Annahme im engeren Sinne damit im Widerspruch steht, wird, zweitens, die starke finanzielle und militärische Förderung arabischer Regime angeprangert, die oft mit dem Unterhalt von Militärstützpunkten in der Region einhergeht. Schließlich beklagt der arabische Anti-Amerikanismus in seiner reinsten und zugespitzten Form die vermeintlich imperiale, beziehungsweise neokoloniale Herrschaft der Vereinigten Staaten über den Nahen und Mittleren Osten, die sich vor allem in amerikanischen Ölinteressen offenbare. Oft wird dieser auch mit antisemitischen Vorstellungen verknüpft – Israel oder die Juden erlangen in diesen Vorstellungen mit Hilfe der Vereinigten Staaten koloniale oder imperiale Herrschaft über die Region, denn schließlich kontrollierten Juden angeblich die politischen und wirtschaftlichen Institutionen der Vereinigten Staaten.

Zwei Ereignisse lieferten in den frühen 1950er Jahren die Initialzündung für diese Entwicklung: Erstens wurde im Iran 1953 der damalige Premierminister Mohammed Mossadegh mit Hilfe des amerikanischen Auslandsgeheimdienstes CIA gestürzt. Das führte zu der weit verbreiteten Annahme, die Vereinigten Staaten interessierten sich in erster Linie aus geostrategischen oder eben imperialen Motiven für die Region und ihre Staaten. Insbesondere die sichere Versorgung mit Öl wird seither gebetsmühlenartig als eigentlicher Anlass aktiver amerikanischer Außenpolitik im Nahen und Mittleren Osten zitiert. Die Episode um Mossadeghs Entmachtung zeigt für die ideologischen Kritiker der Vereinigten Staaten, dass es den Regierungen in Washington um die Sicherheit der eigenen Alliierten geht und nicht um die Interessen der iranischen Bevölkerung. Hier taucht sie also wieder auf, die vermeintlich allgegenwärtige amerikanische Selbstsucht und Profitgier.

Die CIA hatte, zweitens, bereits ein Jahr zuvor einen Staatsstreich in Ägypten unterstützt, der Gamal Abdel Nasser an die Macht brachte. Vier Jahre später nationalisierte Nasser den Suez-Kanal und rief damit die ehemaligen Kolonialmächte Frankreich und Großbritannien auf den Plan, die mit Hilfe Israels militärisch intervenierten. Es waren die Vereinigten Staaten, die Nasser vor einer sicheren Niederlage bewahrten und Frankreich, Großbritannien und Israel zum Rückzug zwangen. Damit verschafften sie zwar dem panarabischen Führer Nasser einen scheinbaren Sieg, verdrängten aber auch die ehemaligen Kolonialmächte, die in der Region lange als Ordnungsmächte fungiert hatten. Kurz darauf verkündete Großbritannien seinen Rückzug als Ordnungsmacht aus der Region östlich des Suez-Kanals und beförderte die Vereinigten Staaten so zum zentralen Akteur vor Ort – und machte sie damit zur nächsten Zielscheibe antiwestlicher Ressentiments. Auch diese Beispiele zeigen die für anti-amerikanische Ressentiments typische Herauslösung amerikanischer Außenpolitik aus ihrem historischen Zusammenhang und die Rückbindung an ein vermeintlich amerikanisches Wesen.

Die Anschläge vom 11. September 2001 hatten für einen Augenblick der Entspannung und sogar kurzweiligen Solidarisierung mit den Vereinigten Staaten gesorgt. Doch die unausweichliche und notwendige Reaktion der Vereinigten Staaten schuf ein Klima, in dem anti-amerikanische Vorurteile bald wieder prächtig gediehen. Mehr noch, der mit den Anschlägen eingeläutete Krieg gegen den Terror katalysierte anti-amerikanische Ressentiments – interessanterweise in Europa weit mehr als im Nahen und Mittleren Osten. Die regelmäßig durchgeführten Umfragen des *Pew Research Centers* zeigen alarmierende Trends: Während noch im Jahr 2000 fast 80 Prozent der Deutschen eine einigermaßen positive Haltung zu den Vereinigten Staaten einnahmen, sank dieser Wert bereits ein Jahr nach den Anschlägen vom 11. September auf 60 Prozent und fiel bis zum Ende der Amtszeit von George Bush auf gerade mal 31 Prozent. Zwar stiegen die Werte nach der Wahl Barack Obamas wieder auf knapp 60 Prozent, aber mittlerweile sind die Werte erneut rückläufig. Die Bundesrepublik Deutschland ist das drastischste Beispiel für diese Trends in Europa, aber sie finden sich in ähnlicher Weise auch in Großbritannien, Frankreich und anderen europäischen Staaten.

Da die schlechten Werte in Europa vor allem auf die Opposition zum Afghanistan- und Irak-Krieg zurückgeführt werden können, sollte erwartet werden, dass im Nahen und Mittleren Osten ganz ähnliche, eher noch akzentuiertere Trends vorliegen. Schließlich bezieht der Anti-Amerikanismus in weiten Teilen Europas seine Kraft aus einer vermeintlichen Solidarisierung mit der arabischen Welt. Denn während die Vereinigten Staaten in der Vergangenheit vor allem für ihre Unterstützung von Diktatoren wie dem Schah oder Saddam Hussein kritisiert wurden, so wurde nach dem 11. September wie selbstverständlich die Agenda der Demokratieförderung attackiert, vor allem aus kulturrelativistischer Perspektive. Gerade in dieser letzten Spielart kommt die anti-amerikanische Haltung zwar oft im Mantel aufklärerischer Emanzipation daher, erhöht sich tatsächlich aber nicht nur über amerikanische Politik, sondern auch über das Freiheits- und Demokratiestreben arabischer Völker. Das hat der deutsch-iranische Publizist Navid Kermani einmal auf folgende Formel gebracht: Europäische Intellektuelle solidarisieren sich gerne mit der arabischen Welt, indem sie diese für demokratieunfähig erklären.

Daher ist besonders interessant, dass die Werte im Nahen und Mittleren Osten sich von den europäischen signifikant unterscheiden. Im Libanon etwa hatten ein Jahr nach den Anschlägen gerade 36 Prozent der Befragten ein positives Bild von den Vereinigten Staaten. Doch dieser Wert stieg unter den Präsidenten George Bush und Barack Obama kontinuierlich auf mehr als 50 Prozent. In Jordanien fiel die Zustimmung zu den Vereinigten Staaten von 25 Prozent in 2002 auf nur ein Prozent im darauffolgenden Jahr, als der Irak-Krieg begann. Die Werte nähern sich allerdings kontinuierlich wieder der 25-Prozent-Marke an. Ähnliches lässt sich in Pakistan und Indonesien beobachten.

Diese Unterschiede zwischen Europa und dem Nahen und Mittleren Osten sind allerdings wenig überraschend, wenn man die Kontinuitäten des Anti-Amerikanismus über die Anschläge des 11. Septembers 2001 hinaus in den Blick nimmt. Denn während in Europa anti-amerikanische Ressentiments vor allem in intellektuellen Kreisen wurzeln, sind sie im Mittleren Osten zu einem großen Teil obrigkeitsstaatlich verordnet, gelegentlich, wie im Iran, sogar zum Fundament des Staates gemacht worden. Selbst in den vermeintlich moderaten Regimen des Mittleren Ostens erfüllt der Anti-Amerikanismus eine staatlich gewollte Stellvertreterfunktion. Um von der fehlenden Legitimation des eigenen Amtes und ausbleibenden Reformen abzulenken, instrumentalisieren die autokratischen Regime im Nahen und Mittleren Osten beinahe durchgehend anti-amerikanische Ressentiments. Zu diesem Zweck wird die amerikanische Politik in der Region auf die Unterstützung Israels reduziert.

Das führt in die zweite Linie des obrigkeitsstaatlich inszenierten Anti-Amerikanismus: Die Delegitimation von innenpolitischen, demokratischen Reformkräften, die als Agenten amerikanischer Interessen dargestellt werden. Zuletzt bezichtigte das iranische Regime die Demonstranten nach den Präsidentschaftswahlen 2009, Agenten amerikanischer Interessen zu sein. Dabei wird implizit unterstellt, dass amerikanische mit arabischen oder persischen Interessen unvereinbar sind. Im gleichen Atemzug gelingt es den arabischen Führungseliten damit, die Ideen zu diskreditieren, für welche die Vereinigten Staaten eigentlich stehen: Demokratie, Freiheit und die damit verbundenen Grundrechte – vom Recht auf freie Meinungsäußerung bis zum

Recht zur Bildung politischer Parteien. Es ist durchaus bemerkenswert, dass diese Strategie in den europäischen Gesellschaften mehr Resonanz findet als in denen des Nahen und Mittleren Ostens.

Diese obrigkeitsstaatlich verordnete Ablehnung Amerikas setzte lange vor dem 11. September 2001 ein, wurde aber nach dem Beginn des Krieges gegen den Terror aktualisiert. Denn die amerikanische Politik der Demokratieförderung im Mittleren Osten forderte die autokratischen Herrscherhäuser heraus. Der Anti-Amerikanismus entkoppelt daher die von den Vereinigten Staaten unternommenen Interventionen von den Interessen muslimischer Gesellschaften, deren Schutz jedoch ein wichtiges Argument für die meisten Interventionen der vergangenen Jahrzehnte war – wie die Unterstützung der Mudschaheddin in Afghanistan nach der sowjetischen Invasion 1979, die Befreiung Kuwaits 1991, die Intervention in Bosnien 1995 und letztlich die Befreiung des Irak von Saddam Hussein 2003. Im Vergleich mit dem oben angeführten europäischen Anti-Amerikanismus wird deutlich, dass dieser im Mittleren Osten also nur um den Preis absichtlicher, historischer Marginalisierung epochemachender Ereignisse zu erhalten ist. So wie man im europäischen Anti-Amerikanismus nur um vermeintliche Fehler und Schwächen Amerikas weiß, erinnert man sich im arabisch-persischen Anti-Amerikanismus nur selektiv an Amerikas außenpolitische Interventionen und stellt die eigenen gesellschaftlichen Probleme als Folgen dieser Eingriffe dar.

Aber auch andere Kontinuitätslinien weisen über den 11. September 2001 hinaus. Vom ersten Führer der Islamischen Republik Iran, Ajatollah Ruhollah Khomenei, bis zum Anführer der al-Qaida, Osama bin Laden, werden die Vereinigten Staaten immer wieder als verfallsreife, dekadente Macht beschrieben, deren Untergang unmittelbar bevorstehe. Die anti-amerikanischen Vorurteile der europäischen Romantik – vom wurzel- und traditionslosen, also unauthentischen Amerika – finden hier ihre zeitlich und geographisch versetzte, aber im Prinzip vormoderne Entsprechung. Diese Perspektive wurde in der Vergangenheit ironischerweise weniger durch amerikanische Interventionen als durch amerikanische Zurückhaltung katalysiert – wie etwa durch die fehlende Reaktion Jimmy Carters auf die 1979 beginnende, 444 Tage dauernde Geiselnahme im Iran, die mangelnde Reaktion Ronald Reagans auf den Anschlag auf amerikanische und französische Truppen in Beirut 1983 und die zögerliche Reaktion Bill Clintons auf die Anschläge in Dar es Salaam und Nairobi 1998 und die *USS Cole* im Hafen von Aden im Jahr 2000.

In der arabischen Welt dient der Anti-Amerikanismus also vor allem dazu, den eigenen Anpassungsschwierigkeiten an eine moderne, globalisierte Welt ein entlastendes Narrativ zu geben. Dieses Narrativ nahm schon lange vor dem 11. September 2001 Gestalt an. So beschreibt der Historiker Dan Diner, wie das Ende der Blockkonfrontation den schmalen intellektuellen und religiösen Eliten der arabischen Welt ihre »Zwischenmoderne« geraubt hat – jene Zuflucht, die vor allem der arabische Nationalismus während des Kalten Krieges geöffnet hatte. Die Staaten des Mittleren Ostens suchten gerade in den formativen Jahren des Kalten Krieges die Allianz mit der Sowjetunion oder waren Teil der Blockfreien-Bewegung. Damit lösten sich diese Gesellschaften zwar vom Entwicklungsstand der Vorkriegszeit, ohne aber ihre Gesellschaften an die westliche Moderne heranführen zu müssen. Sie erlaubte eine zeitlich begrenzte Modernisierung bei Unterdrückung der damit eigentlich einhergehenden Verwestlichung. Die Blockkonfrontation verhalf dem Nahen und Mittleren Osten in dieser Lesart zu einer Atempause auf dem Weg in die Gegenwart. Doch mit dem Ende des Kalten Krieges ist diese Zwischenmoderne kollabiert, die Distanz zwischen der Moderne und arabischen Gesellschaften wurde 1990 allzu plötzlich offenkundig. Denn politische Veränderungen und Reformen werden im Nahen und Mittleren Osten noch immer meist von oben initiiert, sie sind oftmals obrigkeitsstaatlicher Natur. Das Ende des Kalten Krieges machte deutlich, dass das bisherige Tempo der Reformen nicht ausreichen würde, dem durch die Globalisierung beschleunigten Anpassungsdruck standzuhalten. Aus dieser Perspektive ist der Anti-Amerikanismus im Nahen und Mittleren Osten eine Reaktion auf die mit der Moderne und der Globalisierung verbundenen Umbrüche, die auch das Versagen eigener Eliten offen zu Tage treten lassen.

Aufgeladen wurde diese Reaktion auf den Verlust der Zwischenmoderne mit einem religiös unterfütterten Überlegenheitsgefühl, das sich aus extremen und politisch instrumentalisierten Auslegungen des Islam als letzter Offenbarung speiste. Dieses Überlegenheitsgefühl ließ den Kontrast zur Entwicklung der westlichen Welt nach dem Ende des Kalten Krieges noch deutlicher hervortreten. Ironischerweise wurde dies erst durch die amerikanische Außenpolitik während des Kalten Krieges möglich. Denn die Vereinigten Staaten sahen in religiösen Parteien ein Bollwerk gegen den arabischen Nationalismus, der als allzu anfällig für sowjetische Einflussnahme galt. Bereits nach dem Ende des Kalten Krieges vollzogen die Vereinigten Staaten eine Kehrtwende und drängten auf einen schnellere Anpassung und Demokratisierung. Die amerikanische Förderung von Demokratisierungsprozessen stieß allerdings auf den Widerstand der Machthaber im arabischen Raum selbst, denen es immer noch gelang, den vermeintlichen amerikanischen Imperialismus für ihre eigenen Entwicklungsdefizite verantwortlich zu machen. Nicht selten wurden sie darin – wenn auch nicht unbedingt absichtlich – vom Kulturrelativismus und den anti-amerikanischen Reflexen europäischer Intellektueller unterstützt.

Sowohl in Europa als auch im Mittleren Osten war der 11. September 2001 also kein Bruch in der Entwicklung des Anti-Amerikanismus, wohl aber ein wichtiger und entscheidender Katalysator. Im europäischen Raum etwa wird die Schuld an den Anschlägen des 11. Septembers indirekt den Vereinigten Staaten selbst zugewiesen. Deren wiederholte Interventionen, imperiales Gebaren und geostrategische, vor allem ökonomische Interessen werden in den anti-amerikanischen, intellektuellen Zirkeln Europas als der sinnstiftende Kontext des 11. September interpretiert. Dass Barack Obama weder den Irak-Krieg noch das Engagement in Afghanistan umgehend beendete, erklärt dann auch den anhaltenden, beziehungsweise rasch wieder einsetzenden Popularitätsverlust in Europa. Es ist diese vermeintliche Solidarisierung mit den Gesellschaften des Mittleren Ostens, die den europäischen Anti-Amerikanismus mit demjenigen dieser Region verbindet. Anders formuliert bezieht der Anti-Amerikanismus in seiner gegenwärtigen Form seine Kraft aus einer paradox anmutenden Verbindung beider hier beschriebenen Anti-Amerikanismen: aus politisch motivierter Zurückweisung der Moderne im Nahen und Mittleren Osten und einer Kritik an den Vereinigten Staaten in Europa, die den politischen Begriff der Moderne an sich schon als imperialistisch ablehnt.

Die anti-amerikanische Wandmalerei in Teheran verdeutlicht, wie weit der Anti-Amerikanismus vor 9/11 zurückgeht und wie leicht sich anti-amerikanische Ressentiments mobilisieren lassen, um von dem durch die Globalisierung entstehenden Anpassungsdruck abzulenken. Die Anschläge vom 11. September 2001 waren insofern alles andere als eine Zäsur. Im Gegenteil: Die Eliten der Region werden den Anti-Amerikanismus auch weiterhin bemühen, um den gesellschaftlichen Stillstand zu überdecken oder gar eine islamistische »Vormoderne« zu propagieren. Der europäisch geprägte Anti-Amerikanismus bietet dafür einen gesellschaftskompatiblen Resonanzraum. Das iranische Beispiel zeigt aber auch, wie wenig sich der Anti-Amerikanismus an die Wirklichkeit rückbinden lässt: Die Mehrheit der jungen Iraner sehen in den Vereinigten Staaten immer noch das Land der unbegrenzten Möglichkeiten. Daran kann auch die Wandmalerei in Teheran glücklicherweise nichts ändern.

*Dustin Dehez*

## ZUM WEITERLESEN

Arendt, Hannah. »Europa und Amerika: Traum und Alptraum«. Dies.
   *Zur Zeit: Politische Essays.* Berlin: Rotbuch, 1986.
Diner, Dan. *Versiegelte Zeit: Über den Stillstand in der islamischen Welt.*
   München: Propyläen, 2005.
Kermani, Navid. *Strategie der Eskalation: Der Nahe Osten und die Politik
   des Westens.* Göttingen: Wallstein, 2005.
McFaul, Michael. *Advancing Democracy Abroad: Why We Should and
   How We Can.* Lanham: Rowman & Littlefield, 2010.
Schwark, Sabastian. *Zur Genealogie des modernen Antiamerikanismus in
   Deutschland.* Baden-Baden: Nomos, 2008.

# DIE AUTOREN

*Dr. Hannes Bergthaller*, geb. 1973, ist Privatdozent an der Abteilung für Literatur und Fremdsprachen der National Chung-Hsing University in Taichung, Taiwan.

*Anna-Katharina Brandstätter*, geb. 1985, ist Studentin im Masterstudiengang British and North American Cultural Studies an der Albert-Ludwigs-Universität Freiburg.

*Dr. Michael Butter*, geb. 1977, ist Junior Fellow der School of Language & Literature des Freiburg Institute for Advanced Studies (FRIAS).

*Birte Christ*, geb. 1977, ist Wissenschaftliche Mitarbeiterin am Institut für Anglistik der Justus-Liebig-Universität Gießen.

*Dustin Déhez*, geb. 1978, ist Lehrbeauftragter am Otto-Suhr-Institut der Freien Universität Berlin und Direktor für Nordostafrika-Studien am Düsseldorfer Institut für Außen- und Sicherheitspolitik.

*Dr. Rüdiger Heinze*, geb. 1972, ist Juniorprofessor am Englischen Seminar der TU Braunschweig.

*Dr. Patrick Keller*, geb. 1978, ist Koordinator für Außen- und Sicherheitspolitik der Konrad-Adenauer-Stiftung in Berlin.

*Dr. Stormy-Annika Mildner*, geb. 1976, ist Mitglied der Institutsleitung der Stiftung Wissenschaft und Politik, wo sie für

US-Wirtschaftspolitik und Ressourcengovernance zuständig ist, und lehrt an der Hertie School of Governance.

*Dr. Lutz Schowalter*, geb. 1974, ist Wissenschaftlicher Mitarbeiter am Lehrstuhl für inneranglistische Komparatistik des Department of English der Universität Trier.

*Michael Teichmann*, geb. 1980, Ass.iur., ist Doktorand an der Universität Potsdam und MPhil Candidate an der Universität Cambridge.

*Kirsten Verclas*, geb. 1979, ist Research Associate am American Institute for Contemporary German Studies in Washington, D.C.

# BILDNACHWEISE

Umschlagmotiv:
Thomas Hoepker / Magnum Photos / Agentur Focus

© 2001 Jeff Mock (lizensiert unter Creative Commons SA 3.0): S. 6 (World Trade Center aerial view March 2001); ddp images/AP/Jerome Delay: S. 14; REUTERS/NOAA/Handout: S. 30; ddp images/AP/Richard Drew: S. 48; REUTERS/Handout/US Customs/Jim Touretellotte GAC: S. 62; picture-alliance/dpa/Andy Rain: S. 76; REUTERS/Mike Blake: S. 90; ddp images/AP/Beth E. Keiser: S. 106; REUTERS/U.S. Department of Defense/Petty Officer 1st class Shane T. McCoy/HO: S. 120; TSGT Cedric H. Rudisill, USAF (public domain): S. 136; ddp images/AP/Vahid Salemi : S. 150.